ROSALIE JETTÉ
ET LES FILLES-MÈRES
AU XIXᵉ SIÈCLE

DE LA MÊME AUTEURE

Les Serres domestiques, Éditions Quinze, 1978.

Les Enfants du divorce, Les Éditions de l'Homme, 1979.

Jardins d'intérieurs et serres domestiques, Les Éditions de l'Homme, 1979.

Le Frère André (biographie), Les Éditions de l'Homme, 1980.

Le Prince de l'Église, tome I (biographie du cardinal Paul-Émile Léger), Les Éditions de l'Homme, 1982.

Un bon exemple de charité. Paul-Émile Léger raconté aux enfants, Grolier, 1983.

Dans la tempête, tome II : *Le cardinal Léger et la Révolution tranquille* (biographie), Les Éditions de l'Homme, 1986.

Le Roman de Julie Papineau, tome 1 : *La Tourmente*, Les Éditions Québec Amérique, 1995.

Le Roman de Julie Papineau, tome 2 : *L'Exil*, Les Éditions Québec Amérique, 1998.

Catiche et son vieux mari, nouvelle publiée dans *Récits de la fête*, collection Mains libres, Les Éditions Québec Amérique, 2000.

Le dernier voyage (Le cardinal Léger en Afrique), Les Éditions de l'Homme, 2000.

Le Prince de l'Église et *Dans la tempête*, édition condensée, Les Éditions de l'Homme, 2000.

Le Roman de Julie Papineau, tome 1 : *La Tourmente*, format compact, Les Éditions Québec Amérique, 2001.

Le Roman de Julie Papineau, tome 2 : *L'Exil*, format compact, Les Éditions Québec Amérique, 2002.

Lady Cartier, Les Éditions Québec Amérique, 2005.

Les Filles tombées, Tome 1 : *Les Silences de ma mère*, Les Éditions Québec Amérique, 2008.

Les Filles tombées, Tome 2 : *Les Fantômes de mon père*, Les Éditions Québec Amérique, 2010.

Le Frère André (biographie), édition mise à jour et augmentée, Les Éditions de l'Homme, 2010.

Micheline Lachance

ROSALIE JETTÉ ET LES FILLES-MÈRES AU XIXᵉ SIÈCLE

Récit biographique

LEMÉAC

DOMAINE HISTOIRE
sous la direction de Fernande Roy

CREDITS

Couverture : Photo « Sœurs de Miséricorde » (détail), James Duncan, 1853, Archives de la ville de Montréal.

Page 7 : Photo d'une peinture originale (détail), faite par Sœur Marie de la Miséricorde, s.m., vers 1860, Archives des Sœurs de Miséricorde.

Leméac Éditeur reconnaît l'aide financière du gouvernement du Canada par l'entremise du Fonds du livre du Canada pour ses activités d'édition et remercie le Conseil des arts du Canada, la Société de développement des entreprises culturelles du Québec (SODEC) et le Programme de crédit d'impôt pour l'édition de livres du Québec (Gestion SODEC) du soutien accordé à son programme de publication.

Tous droits réservés. Toute reproduction de cette œuvre, en totalité ou en partie, par quelque moyen que ce soit, est interdite sans l'autorisation écrite de l'éditeur.

ISBN 978-2-7609-0601-3

© Copyright Ottawa 2010 par Leméac Éditeur
4609, rue d'Iberville, 1er étage, Montréal (Québec) H2H 2L9
Dépôt légal – Bibliothèque et Archives nationales du Québec, 2010

Imprimé au Canada

*Rosalie Cadron-Jetté
dite Mère de la Nativité (1794-1864)
Fondatrice des Sœurs de Miséricorde*

INTRODUCTION

Pour bon nombre de Québécois, la Miséricorde évoque de vagues souvenirs. Une lointaine cousine y a jadis accouché clandestinement. Une connaissance y est née de parents inconnus. En revanche, le nom de Rosalie Cadron-Jetté (1794-1864) ne rappelle rien à personne la plupart du temps. Rares sont ceux qui connaissent cette sage-femme qu'on associe instinctivement, mais sans trop savoir pourquoi, aux mères célibataires.

L'histoire n'a pas fait une grande place à la fondatrice de la Miséricorde, institution créée en 1845 sous le nom d'Hospice de Sainte-Pélagie pour venir en aide aux mères célibataires.

Dans la foulée de la crise économique qui sévissait au Bas-Canada au milieu du XIXe siècle, une nouvelle réalité sociale est apparue : de très nombreuses filles et femmes ayant conçu un enfant en dehors des liens du mariage ont investi Montréal en quête d'un refuge où accoucher. En mettant sur pied la première maternité montréalaise, Rosalie Cadron-Jetté a créé un précédent, car personne avant elle ne se souciait de ces laissées pour compte qu'on appelait malicieusement filles tombées, dépravées, débauchées...

C'est en lisant la *Positio*, dossier préparé par les Sœurs de Miséricorde sur leur fondatrice en vue de sa canonisation par l'Église de Rome, que je l'ai découverte. L'étonnante ouverture d'esprit de cette pionnière m'a frappée. En effet, la société puritaine du temps rejetait les filles-mères à qui Rosalie Cadron-Jetté a consacré les vingt dernières années de sa vie. En plus de les accoucher, elle les a aidées à repartir du bon pied.

Qui était-elle ? Il existe cinq biographies de cette femme née à Lavaltrie en 1794 et morte à Montréal en 1864. Ce sont des hagiographies écrites par des religieux. Le style est pompeux et le sens critique, absent. Les plus anciennes remontent à la fin du XIXe siècle et la plus récente date de 1964. Leur intérêt réside dans le fait qu'elles s'inspirent des souvenirs d'une cinquantaine de contemporains de Rosalie Cadron-Jetté, dont plusieurs membres de sa famille ou de sa communauté et des aumôniers de la maternité[1].

L'un de ces livres, *Mère de la Nativité et les origines des Sœurs de Miséricorde (1848-1898)*[2], repose sur le témoignage de dix-sept religieuses qui l'ont connue et ont vécu les événements dont il est question dans cet ouvrage. L'auteur, Pierre-Auguste Fournet, prêtre sulpicien, nous la présente sous son plus beau jour, mais il signale aussi les persécutions dont elle a été victime au sein de sa communauté, et ce, précise-t-il dans une lettre écrite le 26 avril 1898 et conservée aux Archives des Sœurs de Miséricorde, « dans l'intérêt de la vérité, comme aussi pour faire ressortir l'héroïque patience de la fondatrice[3] ».

Outre ces hagiographies, la plupart des livres sur l'histoire des femmes consacrent une page, parfois deux, à Rosalie Cadron-Jetté et à son œuvre. L'approche est généralement plus féministe que religieuse, mais toujours l'on souligne le courage et le mérite de cette femme qui s'est consacrée sans compter aux démunis, à une époque où la charité relevait du domaine privé et non de l'État.

Tiré de mon mémoire de maîtrise déposé à l'Université du Québec à Montréal, le présent ouvrage est écrit à la manière d'une biographie. Il adopte un ordre chronologique dans la mesure du possible, tout en tenant compte

---

1. La liste de ces biographies apparaît dans la bibliographie présentée à la fin du présent ouvrage.
2. Pierre-Auguste Fournet, p.s.s., *Mère de la Nativité et les origines des Sœurs de Miséricorde (1848-1898)*, Montréal, Imprimerie des sourds-muets, 1898, 252 pages.
3. Archives des Sœurs de Miséricorde (ASM), L-23.

de l'interaction des événements. Dans un premier temps, j'y présente Rosalie Cadron-Jetté, depuis sa naissance à Lavaltrie jusqu'à ce que, devenue veuve, et une fois ses enfants établis à Montréal, elle se consacre aux démunis. En ces temps de grande dépression, les indigents sont légion et leurs besoins, criants. C'est dans ce contexte qu'en 1845 elle fonde une maternité pour recueillir les filles-mères. Les débuts de l'œuvre seront semés d'embûches.

En posant mon regard sur la vie de Rosalie Cadron-Jetté, j'ai pris conscience de l'épouvantable drame vécu par les jeunes femmes qui accouchaient en dehors des liens du mariage. La société rigoriste du XIXe siècle les condamne. Elles ont fauté comme Marie-Madeleine, la pécheresse de l'Évangile. On sait peu de choses d'elles, si ce n'est qu'elles étaient « enceintes d'un commerce illicite », selon l'expression consacrée.

Dans le deuxième chapitre, je tente de les sortir de l'ombre. À l'aide de la base de données que j'ai tirée du *Registre des entrées et sorties de l'Hospice de Sainte-Pélagie* de Montréal intitulé *Journal des pénitentes*, j'ai pu tracer un certain profil des 2 701 jeunes femmes qui y ont été admises entre le 1er mai 1845 et le 12 février 1866, date à laquelle les sages-femmes de la Miséricorde ont perdu le droit de pratiquer. Quel âge avaient-elles ? D'où venaient-elles ? Quel métier exerçaient-elles ? Qui les dirigeait vers la maternité ? Qu'advenait-il de leurs enfants ? Quelles maladies ont emporté plusieurs d'entre elles ?

Mieux les connaître, c'est aussi découvrir l'ampleur du mépris dont elles étaient l'objet. L'attitude culpabilisante de leurs proches et de leur entourage laissait sans défense ces futures mères, comme en font foi les récits des religieuses que j'ai pu consulter au Centre Rosalie-Cadron-Jetté (CRCJ), dont la majeure partie de la documentation provient des Archives des Sœurs de Miséricorde.

À partir de ces manuscrits, j'ai tenté de reconstituer les débuts épiques de cette œuvre innovatrice tenue à bout de bras par sa fondatrice. De valeur historique inégale, certains documents ont été censurés par les autorités religieuses de la congrégation et par l'épiscopat, alors que d'autres pourraient avoir été dictés par un tiers, tant les ressemblances sont frappantes d'un texte à l'autre. Par contre, plusieurs récits des pionnières impressionnent par l'ampleur et la précision des détails livrés en toute spontanéité. Bouleversants de candeur et de simplicité, ils permettent de reconstituer étape par étape l'itinéraire des pensionnaires de la maternité, depuis le moment où elles ont frappé à la porte de l'établissement jusqu'à leur sortie, habituellement sans leur enfant, confié dès sa naissance aux Sœurs grises.

Une source non signée et jamais publiée m'a particulièrement éclairée: intitulé *Origine de l'Hospice de Sainte-Pélagie érigé à Montréal sous la direction des Sœurs de Miséricorde*[4], ce récit est dû à la plume d'Avélina Paquin, dite sœur Marie-de-la-Croix. Il s'agit de deux cahiers de 96 pages chacun, rédigés en 1879 et 1880 à partir des souvenirs de quatre religieuses contemporaines de Rosalie Cadron-Jetté et d'un aumônier de l'hospice. Bien que ce brouillon truffé de ratures et d'ajouts ait été soumis à l'approbation de Mgr Ignace Bourget, qui y a apporté quelques corrections – j'ai pu lire les deux versions de ce travail sans y trouver de différences significatives –, il comporte des détails stupéfiants sur le quotidien à la maternité.

Inutile cependant de chercher dans ces documents un jugement critique sur l'évêque de Montréal qui joue ici le rôle de bon père de famille et de bienfaiteur des déshérités. En revanche, l'auteure décrit les relations que ce dernier a entretenues avec la fondatrice. Elle raconte comment Rosalie Cadron-Jetté en est venue à s'occuper des filles-mères et évoque les frictions récurrentes au sein de sa communauté.

---

4. Avélina Paquin, (sœur Marie-de-la-Croix), *Origine de l'Hospice de Sainte-Pélagie érigé à Montréal sous la direction des Sœurs de Miséricorde*, 1879-1880, ASM, J-1.1.

Pour sentir le climat et saisir les mœurs qui avaient cours à l'époque, il faut aussi retourner aux manuscrits originaux qui ont inspiré Avélina Paquin. En particulier, celui de Justine Filion (sœur Saint-Joseph)[5]. Entrée en religion en 1846, cette dernière a prononcé ses vœux en même temps que Rosalie Cadron-Jetté. Ses souvenirs, écrits entre 1866 et 1880, contiennent des répétitions et des erreurs de dates. Néanmoins, ils constituent une source d'information privilégiée sur l'attitude de la société face aux mères célibataires et sur l'esprit d'obéissance, voire de soumission, qui habitait ces religieuses improvisées. Un deuxième cahier, celui de Lucie Lecourtois (sœur Marie-des-Sept-Douleurs)[6], a été écrit en 1879. Il regorge d'anecdotes et de renseignements sur les conditions de vie à Sainte-Pélagie.

Les *Manuscrits de 50 témoins oculaires* sont d'un intérêt inégal. Il s'agit de témoignages sollicités en 1879 auprès des personnes ayant connu Rosalie Cadron-Jetté. Cette initiative est soutenue par Mgr Bourget, alors à la retraite, qui cherche à constituer une biographie de la fondatrice de l'ordre. Il y contribue lui-même en livrant ses propres confidences. Comme lui, la plupart des signataires vantent le courage de l'instigatrice de l'œuvre. Les dépositions de l'évêque, des prêtres et des aumôniers nous renseignent aussi sur l'attitude sévère de l'Église à l'égard de la maternité hors mariage.

Ces manuscrits contiennent en outre huit témoignages recueillis auprès d'ex-pensionnaires qui, après leur accouchement, se sont jointes à la congrégation à titre de «sœurs Madeleines». Leurs confidences, les seules

---

5. Justine Filion, *Mémoires sur l'origine et les progrès de l'établissement de Sainte-Pélagie à Montréal*, 2e partie, ASM, B-8 V1260, 19. Son récit commence au verso du dernier feuillet écrit par l'abbé Antoine Rey, premier directeur de l'œuvre, qui signe la première partie de ce manuscrit.
6. Lucie Lecourtois, *Notes de sœur Marie-des-Sept-Douleurs*, ASM, A-4.1/6.

provenant de filles-mères, portent principalement sur la personnalité et les agissements de Rosalie Cadron-Jetté, mais elles font aussi état de certains conflits au sein de l'établissement et évoquent les démêlés des religieuses avec les médecins.

La Miséricorde a longtemps été l'unique refuge de milliers de mères célibataires en détresse. Comment expliquer que Rosalie Cadron-Jetté soit presque passée inaperçue? À la lumière des documents d'archives et des ouvrages historiographiques que j'ai pu consulter, il appert que le pouvoir religieux et le pouvoir médical se sont au fil des ans approprié l'œuvre dont elle est la fondatrice. Ce faisant, ils pourraient bien avoir perturbé la vie à la maternité. Reste à voir s'ils ont mis en péril la santé des pensionnaires.

D'abord, l'évêque de Montréal, Mgr Bourget, a pris le contrôle de l'institution en demandant à Rosalie Cadron-Jetté de fonder une communauté religieuse – les Sœurs de Miséricorde –, dont il fut la tête dirigeante. C'était, selon lui, la meilleure façon de consolider une œuvre qui répondait à un besoin criant dans son diocèse.

Le rôle et l'influence de Mgr Bourget sur la congrégation, tels qu'ils sont décrits dans le chapitre III intitulé «La tutelle religieuse», ne font aucun doute et les documents qui en attestent fourmillent. Chacun de ses gestes et chacune de ses visites à la maternité sont rapportés par les pionnières dont les manuscrits originaux sont conservés aux Archives des Sœurs de Miséricorde. Le style est naïf et l'orthographe déficiente, mais les détails datés s'avèrent utiles pour la compréhension des faits. Les lettres de l'évêque, ses mandements, les règlements qu'il a édictés et le compte-rendu des retraites qu'il a prêchées permettent de mesurer son emprise sur les religieuses et sur les pensionnaires de l'établissement.

La plupart des biographes de Mgr Bourget considèrent d'ailleurs celui-ci comme le fondateur de la maternité dédiée aux filles-mères. Ainsi, dans un manuscrit signé par l'abbé C. P. Beaubien, *Monseigneur Bourget et l'œuvre des Sœurs de Miséricorde*, l'évêque apparaît comme le maître d'œuvre de l'institution. L'auteur lui attribue l'ouverture d'« un refuge salutaire aux personnes asservies par les passions dégradantes », en plus de leur ménager une vie meilleure en sauvant leur âme. « On ne peut se défendre d'un sentiment d'admiration pour le saint évêque qui a assuré un lieu de repentir, de paix, de bonheur pour le reste d'une vie jusque-là en détresse », dit encore ce biographe au style dithyrambique[7]. L'ouvrage, écrit entre 1902 et 1906, s'inspire largement – le mot est faible – de la biographie de Rosalie Cadron-Jetté signée par Pierre-Auguste Fournet, plusieurs pages étant la transcription exacte de ce manuscrit.

Quant au principal biographe de Mgr Bourget, Léon Pouliot, il présente l'Hospice de Sainte-Pélagie comme l'œuvre la plus audacieuse « fondée » par l'évêque de Montréal[8]. Rosalie Cadron-Jetté aurait été l'instrument lui permettant d'accomplir la volonté de Dieu. Le prélat recueille tout le crédit. C'est lui qui a choisi Rosalie, qui l'a guidée, qui lui a donné une compagne... Lui aussi qui lui a demandé de former un corps de sages-femmes.

Le clergé n'est pas le seul à vouloir exercer son emprise sur l'Hospice de Sainte-Pélagie. En effet, les médecins de Montréal influenceront tout aussi lourdement le cours des choses en prenant le contrôle médical de la maternité. Dans le chapitre IV intitulé « Le pouvoir médical », j'analyse les répercussions pour les sages-femmes de l'arrivée des médecins à la maternité.

Les relations tendues, voire orageuses, entre les unes et les autres ont été une source intarissable de conflits. Elles datent de 1850, quand les Sœurs de Miséricorde ont accueilli chez elles les étudiants du Collège des médecins et des chirurgiens de Montréal. Jusque-là, les professeurs

---
7. Le manuscrit d'origine se trouve aux ASM.
8. Léon Pouliot, s.j., *Monseigneur Bourget et son temps*, Montréal, Éditions Bellarmin, 1972, tome III, p. 65-73.

initiaient leurs élèves à l'art d'accoucher par le truchement de cours théoriques et à l'aide d'un mannequin. Nul besoin de refaire ici le débat opposant le monde médical aux sages-femmes. Il a été savamment étudié par les historiens du Québec et d'ailleurs. Il importe cependant de mentionner qu'à Montréal ce conflit prend son origine à l'Hospice de Sainte-Pélagie.

Bref rappel des faits : au XIXᵉ siècle, la médecine présente l'image d'une science approximative devant faire face à des maladies infectieuses faussement attribuées à des facteurs climatiques qu'on soigne de façon inadéquate. Les opérations chirurgicales se font dans des conditions franchement inquiétantes. Dans ce contexte, l'obstétrique, une toute nouvelle science, donne lieu à des pratiques discutables et le taux de mortalité infantile est effarant[9]. Mais alors, la mort de tant d'enfants est imputée à la fatalité et on n'en cherche pas les causes[10]. Le manque d'hygiène et d'asepsie constitue un problème majeur dont personne ne mesure encore l'ampleur.

Du début de la colonie jusqu'au milieu du XIXᵉ siècle, médecins et sages-femmes cohabitent harmonieusement. Dans les années 1840, le corps médical change d'attitude au fur et à mesure que ses effectifs augmentent. De 1850 à 1870, les revues médicales regorgent de plaintes contre les sages-femmes. Les praticiens reprochent notamment à leurs collaboratrices d'hier leur ignorance en matière d'anatomie et d'obstétrique.

Il m'a semblé intéressant d'aller voir si, à Sainte-Pélagie, le taux de mortalité des accouchées a diminué à partir du moment où les étudiants en médecine ont remplacé les sages-femmes à la salle d'accouchement. Pour

---

9. Jean-Claude Robert, « The City of Wealth and Death : Urban Mortality in Montreal, 1821-1871 », dans Wendy Mitchinson, dir. *et al.*, *Essays in the History of Canadian Medicine*, Toronto, McClelland & Stewart, 1988, p. 24. D'autres historiens, notamment Martin Tétrault et Michael Farlay, ont également étudié le phénomène de la mortalité infantile à Montréal.
10. *Ibid.*, p. 29.

étoffer cet aspect du dossier, plus particulièrement en ce qui a trait aux fièvres puerpérales, j'ai analysé les données individuelles que les Sœurs de Miséricorde ont conservées sur chacune de leurs pensionnaires dans leur registre des entrées et sorties de l'institution.

Une fois clairement établi le lien entre la saleté des mains des accoucheurs et la fièvre puerpérale, en ces années qui ont précédé la découverte de Pasteur en matière de microbiologie et d'asepsie, il convenait de répondre à cette autre question intrigante : les sages-femmes possédaient-elles des notions d'hygiène qui échappaient aux médecins ?

J'ai poursuivi mon enquête en analysant les critiques soulevées, cette fois, par les Sœurs de Miséricorde. D'après elles, les jeunes clercs ont fait preuve d'insouciance coupable à l'égard de leurs patientes. En vertu de l'entente liant le Collège à la maternité, les étudiants pouvaient examiner, soigner et accoucher les filles seulement sous la surveillance d'une sage-femme ou d'un médecin. Doit-on croire Justine Filion, l'une des huit premières sages-femmes diplômées, selon laquelle il fallait les surveiller « pour qu'il ne se passât rien d'inconvenant[11] » ? Que penser des propos de la supérieure du temps, mère Sainte-Jeanne-de-Chantal, qui, dans une lettre à l'évêché, accuse les jeunes clercs de se montrer « indifférents aux risques d'infirmité ou de décès » de leurs patientes[12] ?

Enfin, les mères célibataires ont-elles servi de cobayes aux étudiants, comme l'affirment plusieurs historiennes[13] ? L'accusation est grave et, pour y répondre, je me suis attardée à l'état de la médecine à l'époque, en particulier en ce qui a trait à la grossesse et aux techniques de l'accouchement. Il m'importait aussi de comparer la

---

11. Justine Filion, *op. cit.*, p. 44-45.
12. Cette lettre, datée du 24 février 1861, se trouve aux ASM.
13. Le collectif Clio, *L'histoire des femmes au Québec depuis quatre siècles*, Montréal, Le Jour éditeur, 1992, p. 183 ; Hélène Laforce, *Histoire de la sage-femme dans la région de Québec*, Québec, Institut québécois de recherche sur la culture, 1985, p. 96.

situation de l'obstétrique au Canada avec celle qui prévalait au même moment aux États-Unis et en Europe.

Le dossier médical se referme sur les moyens mis en œuvre par un groupe de médecins montréalais pour écarter les sages-femmes de la maternité de Sainte-Pélagie, en 1866, et prendre le contrôle médical de l'établissement. Dès lors, les religieuses sont devenues les infirmières au service des médecins dans leur propre maternité. Enfin, dans le chapitre V, l'ouvrage relate les dernières années de la fondatrice au sein de sa communauté aux prises avec de graves difficultés internes.

À l'issue de ce fructueux voyage dans le temps, j'ai une pensée toute particulière pour Fernande Roy, qui a dirigé mon mémoire de maîtrise et m'a encouragée à en tirer un livre. Ses judicieux conseils, ses remarques constructives et son indéfectible disponibilité m'ont été fort utiles.

Je dois beaucoup aussi aux Sœurs de Miséricorde, en particulier à sœur Gisèle Boucher, qui m'a ouvert toutes grandes les portes du Centre Rosalie-Cadron-Jetté. Elle a consacré des années de sa vie à garder bien vivante la mémoire de la fondatrice des Sœurs de Miséricorde et m'a fait profiter de ses précieux travaux.

Si j'ai pu consulter librement leur documentation archivistique, les Sœurs de Miséricorde n'ont demandé ni exercé un droit de regard sur cet ouvrage. Cependant, pour respecter la confidentialité des mères, j'ai décidé de ne mentionner que leurs prénoms, bien que leurs noms de famille apparaissent dans le *Registre des entrées et sorties* de l'établissement.

Quant à la fondatrice de l'œuvre, puisqu'on l'appelait simplement Rosalie Jetté, elle sera désignée ainsi. Sachant à peine signer de ses initiales, elle n'a laissé aucun écrit.

CHAPITRE I

ROSALIE JETTÉ ET SON TEMPS

Sur le Chemin du Roy, à une quarantaine de kilomètres de Montréal, Lavaltrie domine le fleuve Saint-Laurent. Le village doit son nom à Séraphin Margane de La Valtrie, lieutenant au régiment de Carignan-Salières, à qui l'intendant Jean Talon a concédé, en 1672, une seigneurie « d'une lieue et demie de terre de front sur pareille profondeur à prendre sur le fleuve Saint-Laurent[1] ».

Rosalie Cadron y est née le 27 janvier 1794 dans une minuscule maison de bois. La terre de son père, Antoine Cadron, cultivateur, et de sa mère, Rosalie Roy, sage-femme, a pignon sur la route qui relie Montréal à Québec. La petite histoire raconte que le prêtre qui l'a baptisée, l'abbé Louis Lamotte, curé de Lanoraie (et qui desservait aussi Lavaltrie), a prévenu ses parents que Rosalie était appelée à de grandes choses[2].

Au moment de sa naissance, trente-quatre ans se sont écoulés depuis la Conquête et le Bas-Canada compte environ 160 000 habitants. L'Angleterre, qui perdra ses colonies

---

1. L'acte de concession de la seigneurie de Lavaltrie à Séraphin Margane de Lavaltrie, signé Talon et rédigé par le seigneur Varnier, est cité *in extenso* dans Donat Martineau, *Histoire de Lavaltrie. La famille seigneuriale (1672-1854)*, Lavaltrie, Éditions du Chemin du Roy, 1991, p. 7.
2. Léocadie Jetté, fille de Rosalie, a signé une déposition consignée aux Archives des Sœurs de Miséricorde (ASM, A-11/70), le 2 janvier 1880, dans laquelle elle affirme avoir souvent entendu sa grand-mère et sa tante Sophie Cadron-Laberge raconter cet incident. Louis Lamotte est né à Québec en 1764 et est mort alors qu'il était curé de Saint-Cuthbert en 1834.

plus au sud (qui deviendront les États-Unis) en 1774, prend possession de la Nouvelle-France, officiellement acquise aux termes du traité de Paris de 1763. Partiellement coupés de leurs racines françaises, les Canadiens n'en suivent pas moins le déroulement de la Révolution qui fait rage dans la mère patrie. Les journaux qui parviennent de ce côté-ci de l'Atlantique racontent les arrestations et les exécutions de citoyens français, cependant qu'une partie du clergé fuyant la France révolutionnaire débarque à Québec.

Sous la gouverne des Anglais, le régime seigneurial continue de prévaloir au Bas-Canada (qui compte 195 seigneuries), du moins pour quelque temps encore. Geste surprenant, en 1792, le seigneur, Pierre-Paul Margane de Lavaltrie – premier député du comté de Warwick, qui va de Berthier à Joliette –, renonce en faveur de ses censitaires au droit de retrait féodal ainsi qu'à toutes les corvées et servitudes. Dès lors, ses quelque 700 habitants vivent des produits de leurs terres qu'ils écoulent à Montréal grâce à un réseau routier assez bien constitué. Les forêts de Lavaltrie regorgent de bois de construction.

Lavaltrie a connu des débuts difficiles avant d'acquérir une relative aisance à l'orée du XIXe siècle. Vers 1710, l'intendant Jacques Raudot reçoit le rapport d'un ingénieur français qui décrit ainsi le village :

> Les terres y sont médiocrement bonnes. Les guerres cependant ont contribuez au retardement de son establissement. Les premiers habitants ayant esté détruits ou ruinés et les terres y sont revenus en taillis, que l'on commence à déffricher celles qui y sont en culture produisent de bon grain et légumes, mais non pas abondamment[3].

En 1774, quand le révérend Jacob Mountain, premier évêque anglican de Québec, s'y arrête, la région amorce son développement : « *La Valtrie is the most beautiful seigneurie*

---

3. *Bulletin des recherches historiques*, 1915, vol. XXI, p. 290, cité dans Jean C. Hétu, *Tricentenaire de Lavaltrie 1672-1972*, Lavaltrie, Éditeur Pelletier, 1972, p. 21.

between Quebec and Montreal[4] », note-t-il, avant d'évoquer ses belles forêts de chênes et de pins et ses terres fertiles où poussent le blé et d'autres céréales en abondance. En 1815, l'arpenteur-général Joseph Bouchette vante à son tour le bois de Lavaltrie, remarquable « par la beauté, la hauteur et la belle venue des arbres de construction [...] qui le composent[5] ». Il ajoute que le froment et les autres grains forment la principale culture : « On récolte une grande quantité de bon foin[6]. »

La famille de Rosalie Cadron fait partie des paysans plutôt à l'aise qui vivent à l'ombre du clocher de Saint-Antoine de Lavaltrie. Le premier de la lignée à avoir traversé l'Atlantique, Pierre Renard dit Saint-Pierre, s'y est établi en 1721. Si l'on en croit les recherches du père Georges Desjardins, s.j., il portait le nom de Cadron, comme sa mère dont il était l'enfant naturel, plutôt que celui de son père. Quant au « Saint » accolé à son nom, le généalogiste Archange Godbout, o.f.m., suggère qu'il lui fut attribué par dérision pendant ses années de service dans l'armée. Pour se moquer de lui, ses compagnons l'auraient « canonisé ». Le chercheur ne dit pas si Pierre était trop ou trop peu fervent[7]. Antoine, son huitième enfant, est le grand-père de Rosalie.

Du côté maternel, l'ancêtre Antoine Roy dit Desjardins, soldat du régiment de Carignan-Salières, a débarqué à Québec en 1665. Il a obtenu une concession à Batiscan et s'y est établi avec Marie Major, « fille du Roi ». Endetté, il finira par abandonner sa femme et son unique fils, Pierre, pour devenir tonnelier à Montréal, où il sera plusieurs fois

---

4. Jean C. Hétu, *op. cit.*, p. 27, d'après le *Rapport de l'archiviste de la province de Québec*, 1959-1960, p. 138.
5. Donat Martineau, *op. cit.*, p. 150.
6. *Ibid.*, p. 150, d'après *Description topographique de la province du Bas-Canada*, 1815, p. 238.
7. À la demande des Sœurs de Miséricorde, le père Archange Godbout, fondateur de la Société généalogique canadienne-française, a fait des recherches sur les ascendants de Rosalie Cadron.

emprisonné pour insolvabilité. En 1684, il sera assassiné à Lachine, après avoir été surpris en flagrant délit d'adultère par un mari jaloux qui se trouvait être aussi son créancier[8]. La mère de Rosalie, Rosalie Roy dit Desjardins, est sa descendante de la cinquième génération.

En 1793, Rosalie Roy épouse Antoine Cadron dit Saint-Pierre à Lavaltrie. Leur acte de mariage nous apprend que ni l'un ni l'autre ne sait signer. Un an plus tard, Rosalie naît. Les documents officiels – actes de baptême, de mariage et d'inhumation – nous révèlent que son seul frère, de trois ans son cadet, est mort à la naissance. La fillette a douze ans lorsque vient au monde son unique sœur, Sophie, en 1806.

Rosalie grandit dans le paisible village de Lavaltrie. Les renseignements concernant son enfance et sa jeunesse proviennent de sa sœur Sophie Cadron-Laberge, de sa fille Léocadie Jetté-Laroche et de deux de ses petites-filles, Philomène et Janvière Thomas. Elles ont livré leurs souvenirs en janvier 1880 à Cléophée Gaulin (sœur Saint-Venant)[9], à la demande des Sœurs de Miséricorde qui voulaient reconstituer la première vie de leur fondatrice.

Dans ces témoignages, l'accent est mis sur les vertus et les mérites de Rosalie. En effet, nulle part il n'est question de ses défauts ni de ses traits de caractère détestables ou moins admirables. Rapportant les paroles entendues de la bouche de sa grand-mère Cadron, Léocadie, cinquième enfant de Rosalie, raconte que sa mère a toujours été «une enfant accomplie sous tous les rapports par son obéissance, sa piété et son travail». Ses deux petites-filles, Philomène et Janvière Thomas, filles de Rose Jetté, abondent dans le

---

8. Georges Desjardins, *Antoine Roy dit Desjardins (1635-1684) et ses descendants*, Trois-Rivières, Éditions du Bien public, 1971, p. 20-48.
9. Cléophée Gaulin a vécu pendant huit ans avec Rosalie Jetté à l'Hospice de Sainte-Pélagie. Pour écrire ses *Notes biographiques au sujet de Rosalie Cadron-Jetté dite Mère de la Nativité*, elle a aussi interrogé plusieurs autres enfants de Rosalie mais on ignore lesquels (ASM, H-1.1).

même sens : « Nous avons entendu dire qu'elle a toujours été bonne en son enfance[10]. »

À Lavaltrie, comme dans la plupart des villages du Bas-Canada, il n'y a pas d'école au début du XIXe siècle. Soucieux de l'éducation de leur fillette, les Cadron la mettent pensionnaire dans un couvent des Dames de la Congrégation, probablement à la Pointe-aux-Trembles. Elle y est si malheureuse que ses parents craignent pour sa santé et la retirent peu après de l'institution. Plus tard, Rosalie regrettera amèrement d'avoir manqué l'occasion d'apprendre à écrire. Sur son contrat de mariage, son testament, les documents relatifs à la vente de sa propriété de Lavaltrie et les extraits de baptême de ses petits-enfants et neveux, dont les Archives des Sœurs de Miséricorde ont gardé copie, elle a déclaré ne pas savoir signer.

Rosalie n'est pas un cas isolé. L'analphabétisme est alors fort répandu chez les francophones du Bas-Canada. Comme 42 % de la population, elle a appris à lire, mais non à écrire. À l'époque, une personne seulement sur dix sait écrire. Dans les campagnes, à peine plus de femmes que d'hommes peuvent griffonner leur nom[11].

Un mariage d'amour

En 1811, Rosalie fait la connaissance de Jean-Marie Jetté, un « garçon voyageur » montréalais de 33 ans. Elle a 17 ans. La rencontre a lieu lors d'une réunion de famille. Le 7 octobre, ils s'épousent à l'église Saint-Antoine de Lavaltrie. Les nouveaux mariés s'installent chez les parents de Rosalie. Ceux-ci pratiquent la donation, c'est-à-dire qu'ils cèdent leur propriété et leurs biens au jeune couple. En échange, Rosalie et Jean-Marie s'engagent à prendre

---

10. Témoignage de Léocadie Jetté-Laroche, ASM, A-11/71 ; témoignage de Philomène et Janvière Thomas, ASM, A-11/72.
11. Le collectif Clio, *L'histoire des femmes du Québec depuis quatre siècles*, Montréal, Le Jour, éditeur, 1992, p. 193 : Allan Greer, « The Pattern of Literacy in Quebec, 1745-1899 », *Histoire sociale/Social History*, novembre 1978, p. 330.

soin d'eux jusqu'à leur décès. Deux ans plus tard, le 19 août 1813, Antoine Cadron meurt.

Chez les Cadron-Jetté comme chez la plupart des ruraux du temps, la vie tourne autour de la paroisse. Les grandes corvées et les fêtes religieuses sont rassembleuses. Les habitants visent alors l'autosuffisance. La plupart ont des chevaux de trait, quelques bêtes à cornes, un ou deux porcs, des moutons et de la volaille. En hiver, les femmes fabriquent la laine, l'étoffe et la toile nécessaires à la confection des vêtements. Le potager fournit les légumes pour l'année. On cuisine encore dans l'âtre et on se chauffe grâce au poêle à bois[12].

Dans son témoignage, Sophie Cadron-Laberge nous apprend que sa sœur aînée est habile de ses mains. À la maison, elle a de l'ordre et prend soin de ses affaires. Son chez-soi est toujours propre et bien rangé. Elle aime pêcher le poisson dans le fleuve et cultive des fleurs – l'été dans son jardin, l'hiver à l'intérieur – dont elle orne sa petite chapelle personnelle. Pendant les dix ans qu'ils passeront à Lavaltrie, les Jetté auront six enfants : Jean-Marie (1812), Rose (1813), Pierre (1815), François (1817), Léocadie (1819) et Léonard (1821).

Sophie, qui a vécu avec sa sœur pendant les 16 premières années de sa vie, se rappelle que Rosalie adorait chanter des cantiques. Toujours de bonne humeur, elle n'élevait la voix ni avec ses enfants qu'elle corrigeait en douceur, ni avec ses domestiques et ses servantes. Jamais elle ne se mettait en colère. Très pieuse, « elle serait plus tôt morte que de manger de la viande les jours défendu », précise-t-elle. Rosalie faisait carême et communiait souvent, même si elle habitait assez loin de l'église. Comme le curé partageait son temps entre Lavaltrie et Lanoraie, il pouvait

---

12. Jean Provencher, *Marie-Rosalie Cadron-Jetté (1794-1864)*, Montréal, Centre Rosalie-Cadron-Jetté (CRCJ), 1989, 29 pages. L'historien a fait l'étude du contrat de mariage de Rosalie, de l'acte de donation de ses parents et de son testament rédigé en 1817, quatre ans après la mort de son père, alors qu'elle attend son quatrième enfant.

compter sur sa paroissienne pour préparer à la première communion les enfants qui «marchaient au catéchisme», selon l'expression consacrée. Il y en avait parfois jusqu'à vingt autour d'elle. Il lui arrivait même d'habiller les plus miséreux pour la cérémonie.

Il ne fait aucun doute, selon Sophie, que la générosité de Rosalie s'est manifestée très tôt. Elle raconte que sa charité était sans bornes :

> Il ne passais jamais un pauvre sans qu'il ne fût assisté et une aumone considérable je l'ai vu prendre son linge dans les armoires et le donner pour ensevelir les morts pauvres [...] Je l'ai vu aller chercher des pauvres familles errants les rue leur donner l'hospitalites si setais dans l'hiver elle les nourissait plusieurs jours et elle les gardais même avec elle en attendant que le temps fût plus propice. [...] C'était une personne bien adroite elle travaillais tres bien je l'ai vu prendre du butin de sa maison vêtisant les pauvres passants je l'ai vu prendre une galette au beur de dedans son four et la donner à un passant je l'ai vu prendre sa volaille et ses œufs et les porter au pauvre malade et cela en grande cantités faisant la charite a tous ce qui se presentais [...] elle a garde même une famille sauvage une semaine de temps par rapport a l'intempéris du tem[13]...

Toujours selon Sophie, la seigneuresse Suzanne-Antoinette Margane de Lavaltrie (1772-1822), veuve de Charles-Gaspard Tarieu de Lanaudière, et qui s'occupait avec Rosalie des bonnes œuvres de la paroisse Saint-Antoine de Lavaltrie, appréciait sa générosité.

À Lavaltrie, comme dans la plupart des villages de la vallée du Saint-Laurent, les terres cultivables sont toutes en exploitation. Les pères de famille ne peuvent plus espérer établir chacun de leurs enfants dans le voisinage. Jean-Marie et Rosalie, qui ont quatre fils en bas âge dont ils veulent assurer l'avenir, vendent leur propriété – deux terres de trois arpents de longueur sur vingt de profondeur,

---

13. Témoignage de Sophie Cadron-Laberge, ASM, A-11/70.

l'une face au fleuve et l'autre devant la rivière Saint-Jean – pour aller s'installer dans la région de Saint-Hyacinthe, où des lots plus spacieux sont encore disponibles. Les Jetté quittent Lavaltrie en septembre 1822. En attendant de retirer le fruit de la vente de leur ferme, ils passent dix-huit mois à Verchères, village situé de biais avec Lavaltrie, sur la rive sud du Saint-Laurent. Sur l'acte d'inhumation de leur septième enfant, mort à la naissance, le 22 septembre 1823, Jean-Marie est présenté comme fermier. Il travaille probablement chez un cultivateur de la paroisse Saint-François-Xavier de Verchères. L'année suivante, les Jetté prennent enfin possession d'une propriété sise à La Présentation-de-Saint-Hyacinthe.

Déboires financiers

Contre toute attente, leur séjour maskoutain durera à peine deux ans. En effet, la ferme qu'ils ont achetée le 15 mars 1824 devant le notaire Louis Picard n'appartenait pas légalement au vendeur, Charles Jarret, mais à ses enfants qui en avaient hérité de leur mère. La vente est annulée et, comme Jean-Marie Jetté ne détient aucune quittance prouvant qu'il a acquitté tous les droits de propriété, sa terre est mise aux enchères le premier octobre 1826. Le 7, il la rachète au même prix, ignorant qu'elle contient de nouvelles obligations viagères en faveur d'un couple qui n'a pourtant rien à voir avec cette transaction effectuée par adjudication et signée devant les notaires Louis Brunelle et Jean-François Têtu[14]. Jean-Marie Jetté, qui ne sait pas lire, n'a pas compris non plus que, en apposant sa marque sur le document notarié, il s'engageait à payer sa ferme une

---

14. Les ASM ont gardé copie de tous les actes notariés qui sont conservés aux Archives nationales du Québec. En 1992, le notaire Langlois, mandaté par les Sœurs de Miséricorde, procéda à l'étude des transactions effectuées par Charles Jarret. Il découvrit que d'autres victimes, dont la fabrique de la paroisse de La Présentation, furent également trompées, et ce, avec la complicité des mêmes notaires.

industrialisation se poursuivent pendant toute la décennie. La rue Notre-Dame devient l'artère centrale, cependant que le nombre de rues passe de 100 à 173 en 1837. La construction de maisons augmente de 56 % entre 1818 et 1825. La plupart du temps en bois, celles-ci sont plus modestes que les anciennes, généralement en pierre. Les entrepôts s'installent dans la rue des Commissaires et à la Pointe-à-Callière, tandis qu'à la place d'Armes la Banque de Montréal se dresse en face de la nouvelle église Notre-Dame. Les Canadiens français, qui, en 1800, formaient les trois quarts des Montréalais, ne représentent plus que 54 % d'entre eux. Les Anglais et les Écossais dominent la bourgeoisie d'affaires[20]. La population croît de façon accélérée, d'abord à cause de l'exode rural engendré par l'exiguïté des terres qui n'arrivent plus à nourrir les grosses familles et par l'épuisement du sol responsable des mauvaises récoltes, mais aussi à cause de l'immigration, majoritairement en provenance de l'Irlande, aux prises avec la famine, ainsi que de l'Écosse. Pour cette seule année, quelque 50 000 immigrants débarquent à Québec et à Montréal, port d'entrée en Amérique.

Montréal n'est pas prête à accueillir autant de nouveaux citoyens infortunés. Selon l'historienne Huguette Lapointe-Roy, en se débarrassant d'une partie de ses indigents, la Grande-Bretagne a causé un profond déséquilibre au Bas-Canada :

> On comptait en effet sur le marché canadien pour écouler les produits manufacturés en Angleterre et on retardait ainsi l'industrialisation de Montréal. [...] En même temps, elle [la population francophone de la ville] recevait à pleins bateaux une population anglophone catholique, malade et dénudée [sic], qui allait compter sur les forces vives de la population locale pour survivre[21].

---

20. Jean-Claude Robert, *op. cit.*, p. 88-89.
21. Huguette Lapointe-Roy, *Charité bien ordonnée. Le premier réseau de lutte contre la pauvreté à Montréal au 19ᵉ siècle*, Montréal, Boréal,

La municipalité n'a pas l'infrastructure nécessaire pour faire face à l'augmentation rapide de ses habitants. Datant de 1832, son aqueduc actionné par une machine à vapeur fournit l'eau uniquement aux citoyens qui vivent entre le fleuve et la rue Notre-Dame. Quant à son système d'égouts, il est insuffisant et cause insalubrité et mauvaises odeurs. Outre le fait qu'elles vivent dans des conditions sanitaires déplorables, les familles ouvrières, qui comptent pour les deux tiers de la population montréalaise, trouvent difficilement à se loger. Entassées dans des logements exigus et mal chauffés, elles affrontent tant bien que mal les hivers rigoureux[22]. La protection contre les incendies est inadéquate, tous les pompiers de Montréal étant des volontaires.

Un léger progrès s'amorce cependant. Le premier maire de Montréal, Jacques Viger, élu en 1833, entreprend d'importants travaux de drainage du côté de la rue Sherbrooke et met en place un éclairage amélioré à travers la ville. Le marché Bonsecours est en construction et le Théâtre Royal du Marché à Foin présente une programmation digne des grands théâtres de Québec[23]. Désertés pendant l'épidémie de choléra de 1832 et sa reprise en 1834, les marchés à ciel ouvert recommencent à attirer commerçants et Montréalais.

Toutefois, ce mieux-être n'est qu'apparent. Le chômage fait des ravages et la faim constitue un problème de taille. La crise du blé est si grave que bien des foyers

---

1987, p. 10. Cet ouvrage présente le réseau d'institutions de charité qui s'est développé au Bas-Canada et démontre l'influence omniprésente de l'évêque de Montréal, Mgr Bourget, sur ces œuvres.
22. *Ibid.*, p. 11 et 12 ; Le collectif Clio, *op. cit.*, p. 155.
23. Claude-V. Marsolais, Luc Desrochers et Robert Comeau, *Histoire des maires de Montréal*, Montréal, VLB, 1993, p. 23 ; *Journal d'histoire du Canada, 1810-1841*, sous la direction de Gilles Boulet, Jacques Lacoursière et Denis Vaugeois, Montréal, Éditions Le Boréal Express Ltée, 1968, p. 506-508.

ont épuisé leurs réserves[24]. Dans ce Montréal en grande détresse, un réseau d'entraide s'organise. Il est l'œuvre du clergé et des communautés religieuses d'une part, de bénévoles laïques d'autre part. Mises à part les subventions qu'il accorde aux institutions préoccupées par le sort des miséreux, l'État ne participe pratiquement pas à l'effort de lutte contre la pauvreté.

Quelle forme cette charité prend-elle? Religieux et laïcs visitent les démunis et leur donnent un peu d'argent, de la nourriture, des meubles, des outils et des vêtements. Ils interviennent auprès des employeurs pour placer les chômeurs. Enfin, ils mettent sur pied l'Œuvre de la soupe et le Dépôt des pauvres qui voient leur clientèle sans cesse grandir[25].

Mgr Ignace Bourget, coadjuteur depuis 1837 – il sera nommé évêque de Montréal en 1840 –, est le chef d'orchestre incontesté de ce réseau. S'il ne fournit pas lui-même l'argent nécessaire aux œuvres naissantes, il en dirige les destinées, surtout lorsqu'elles émanent des congrégations religieuses féminines. Au dire de l'un de ses biographes, Philippe Sylvain, il entoure de charité compatissante toutes les misères. «De fait, son rôle social se situe dans le prolongement d'un vaste mouvement de restauration morale et religieuse[26].»

Alors âgé d'une quarantaine d'années, l'évêque est perçu comme le fondateur ou l'âme dirigeante de toutes les œuvres sociales: l'Association de charité diocésaine, chargée des soins aux pauvres et aux malades, l'Association de Tempérance, les Dames de la Charité, qui s'occupe des femmes âgées et infirmes, la Société de Saint-Vincent-de-Paul à Montréal, etc. «Il est difficile de saisir toute l'ampleur de l'influence de Mgr Bourget en matière

---

24. Le collectif Clio, *op. cit.*, p. 157.
25. Huguette Lapointe-Roy, *op. cit.*, p. 13.
26. Philippe Sylvain, «Bourget, Ignace», *Dictionnaire biographique du Canada*, Québec, Les Presses de l'Université Laval, 1982, vol. XI, p. 108.

sociale », écrit Huguette Lapointe-Roy, dans une étude qui repose essentiellement sur les archives des congrégations religieuses. « Toutefois, on peut affirmer qu'il joua un rôle déterminant dans la réforme du service aux pauvres à domicile[27]. »

Le séminaire de Saint-Sulpice est lui aussi fort actif auprès des institutions de charité, et ce, depuis la fondation de Montréal au XVIIe siècle. Les sulpiciens ont longtemps apporté leur soutien aux Sœurs grises qui non seulement soignent les pauvres à l'Hôpital général de Montréal, mais aussi recueillent les orphelins à l'Asile des enfants trouvés. Ils possédaient des ressources financières importantes, mais ne disposaient pas du personnel qualifié pour assurer les soins aux personnes âgées et infirmes[28].

Les démunis peuvent également compter sur des bienfaiteurs laïques. Dès 1827, sous l'impulsion de madame Angélique Cotté, une cinquantaine de femmes mariées issues des grandes familles du temps, les Lemoyne de Longueuil, Chartier de Lotbinière, de Montenach, de Beaujeu, de Boucherville, commencent à visiter les indigents à domicile. Bientôt, ces Dames de la Charité, comme on les appelle, multiplient les quêtes et les bazars pour financer l'Œuvre de la soupe et le Dépôt des pauvres. Elles organisent aussi le « Bureau d'enregistrement pour les filles qui vont en service », afin de placer les servantes sans emploi. À partir de 1832, elles concentrent leurs activités autour des soins à apporter aux orphelins, particulièrement nombreux depuis l'épidémie de choléra.

Émilie Tavernier, veuve Gamelin, fait partie du noyau fondateur de ces Dames de la Charité. En 1830, elle s'en détache pour se consacrer aux femmes âgées et infirmes sans ressources. Son Asile de la Providence est officiellement fondé en 1841. Pour l'aider à recueillir des fonds, elle bénéficie de la collaboration d'une douzaine de bénévoles de l'Association anonyme qui regroupe les

---

27. Huguette Lapointe-Roy, *op. cit.* p. 47.
28. *Ibid.*, p. 35.

épouses des hommes le plus en vue au Bas-Canada, les Fabre, Viger, Perrault, Cuvillier et Cherrier[29].

Enfin, le réseau d'entraide montréalais s'appuie sur de généreux donateurs laïques avec, en tête, Antoine-Olivier Berthelet[30], riche homme d'affaires qui n'a jamais refusé son secours financier aux communautés religieuses dans le besoin. En 1846, il contribue avec Mgr Bourget à mettre sur pied la Banque d'Épargne pour la Cité et le District de Montréal, dont l'un des buts est de soutenir financièrement les œuvres de charité. Deux ans plus tard, il seconde l'évêque de Montréal lors de la fondation de la Société Saint-Vincent-de-Paul destinée à visiter les pauvres à domicile. Ce réseau d'entraide ne s'occupe pas des jeunes filles et des femmes enceintes en dehors des liens du mariage.

ROSALIE SE MET AU SERVICE DES DÉMUNIS

À l'instar de nombreux ruraux fraîchement débarqués en ville, la veuve Jetté doit s'adapter à un tout nouveau mode de vie. À la mort de son mari, en plus de ses cinq enfants à charge (les deux aînés étant autonomes), elle s'occupe de sa vieille mère impotente. Son fils Pierre, cordonnier de métier, pourvoit aux besoins de la famille. En 1836, Rosalie perd sa cadette de quatre ans, Edwige, et, deux ans plus tard, sa mère meurt à l'âge de 70 ans. Entre-temps, plusieurs de ses aînés se sont mariés et ont quitté le foyer.

Libérée d'une bonne partie de ses responsabilités familiales, elle peut consacrer ses journées à l'entraide. En compagnie d'une veuve qui demeure chez elle, une dame Lapointe dont on ne sait rien, elle soigne les malades du

---

29. *Ibid.*, p. 87-88. Émilie Tavernier-Gamelin (1800-1851) fondera la communauté des Sœurs de la Providence en 1844.
30. *Ibid.*, p. 108-109. L'engagement social d'Antoine-Olivier Berthelet (1798-1872) est remarquable ; une douzaine d'institutions ont pu compter sur sa générosité soit pour la construction d'édifices, soit pour l'achat de mobilier ou tout simplement pour leur survie : nourriture, chauffage.

choléra et secourt les miséreux de son quartier. Ses petites-filles Philomène et Janvière Thomas ont souvent entendu dire que les deux veuves ont pris en charge une famille qui venait d'arriver de la campagne et dont les six enfants souffraient de la variole, maladie infectieuse alors désignée sous le nom de « picotte[31] ».

En ces temps de pauvreté chronique, Rosalie porte secours à tous les démunis qu'elle croise. Ici, c'est une prostituée qu'elle remet dans le droit chemin, là, un homme débauché et blasphémateur au grand cœur – une espèce de géant qui se dévoue auprès des mourants – qu'elle convertit. Tantôt, elle trouve un foyer à des orphelins, tantôt elle encourage un agonisant, puis l'ensevelit. Tous ces récits sont truffés de détails colorés rapportés de bouche à oreille et les mérites de Rosalie paraissent parfois exagérés. Un mari est ivrogne et son épouse mène une vie déréglée? Rosalie accourt pour s'occuper de leur fillette de 11 ans à qui elle fait faire sa première communion. Un jour, elle cache dans sa cave une femme poursuivie par deux matelots munis d'une hache. Une autre fois, elle recueille chez elle une jeune fille mal en point qui, la nuit venue, cherche à l'étouffer. Elle la renverra au matin, non sans lui avoir offert à déjeuner. Il y a une part d'affabulation dans ces récits racontés par ses enfants après sa mort, mais qui tous mettent en évidence la réelle générosité de Rosalie.

Jusque-là, ses initiatives sont individuelles. Pourquoi n'a-t-elle pas rejoint les rangs des Dames de la Charité qui poursuivaient des objectifs similaires? Son milieu social pourrait avoir constitué une barrière. Issue de la classe paysanne, elle n'a pas reçu l'éducation policée des jeunes filles de familles bourgeoises qui foisonnent parmi les généreuses bienfaitrices. De plus, ayant elle-même éprouvé dans la vie des revers funestes, elle s'est identifiée aux

---

31. Témoignage de Philomène Thomas et Janvière Thomas, fait le 5 janvier 1880, ASM, A-11/72.

démunis plutôt qu'aux nantis, auprès desquels elle n'est probablement pas vraiment à l'aise. Rosalie n'a aucune instruction. C'est à peine si elle arrive à signer son nom. Il n'existe qu'une seule pièce archivistique, l'Acte de la première élection des officières du Noviciat de la maternité de Sainte-Pélagie, en date du 6 novembre 1846, au bas de laquelle apparaît un griffonnage qui serait, selon deux graphologues[32] consultés par les Sœurs de Miséricorde, la signature de «Dame Chetté, sup^{re}». Certes, elle sait lire et raconte volontiers la vie de saints qu'elle découvre au hasard de ses lectures. Elle peut aussi citer des passages de l'Évangile ou de l'*Imitation de Jésus-Christ*, son livre de chevet, mais son manque d'instruction et sa difficulté à s'exprimer clairement ont sûrement gêné, sinon freiné, son action dans la société montréalaise.

Sa grande timidité et son absence de confiance en ses propres capacités – deux traits de caractère soulignés par ses premières collaboratrices – pourraient aussi l'avoir incitée à rester en retrait. Justine Filion, l'une des pionnières de l'œuvre et l'auteure du plus ancien manuscrit sur l'origine de l'Hospice de Sainte-Pélagie, dira d'elle: «Elle n'avait pas en partage la science humaine, ni de ces talents qui brillent. Mais elle avait un bon esprit et une grande volonté de servir Dieu qu'elle aimait de tout son cœur[33].»

Dieu incarné par Mgr Ignace Bourget? La soumission de Rosalie Jetté à l'autorité paraît avoir été totale et son admiration pour l'évêque, aveugle. «Elle [...] recevait ses ordres comme venus du ciel[34]», se souvient une de ses compagnes. Les proches de Rosalie racontent qu'un jour «Sa Grandeur» lui a confié six orphelins qu'il avait ramenés d'une visite pastorale aux confins de son diocèse et dont la mère venait de mourir du typhus. Selon eux,

---

32. Roma Lavoie et Jean-Marie Labrie.
33. Témoignage de Justine Filion (sœur Saint-Joseph), ASM, A-11/15.
34. Témoignage d'Ézilda Pion (sœur Sainte-Agnès-de-Jésus), ASM, A-11/21.

elle plaça les filles chez ses propres enfants mariés et mit le petit garçon en apprentissage. Mgr Bourget, alors simple abbé et premier chapelain de l'église Saint-Jacques, est le confesseur de Rosalie depuis son arrivée à Montréal en 1827. Au matin du jour de l'An, il lui donne la bénédiction paternelle. À l'époque, elle habite à quelques pas de la cathédrale, non loin des rues Sainte-Catherine et Saint-Denis, dans une maison appartenant à un dénommé Laberge.

LE DRAME DES FILLES-MÈRES

Si l'on en croit le récit de l'abbé Antoine Rey, premier directeur-aumônier de l'Hospice de Sainte-Pélagie, c'est au début des années quarante que Mgr Bourget a commencé à solliciter la veuve Jetté pour secourir « une pauvre fille enceinte d'un commerce illégitime » qui, comme tant d'autres, était venue faire à son évêque « l'aveu de sa faute » :

> Mgr l'Évêque fit appeler la Veuve Jetté et la pria de placer cette fille chez une femme charitable et pieuse jusqu'à ce qu'elle fût rétablie. Après cette époque, le même cas se présenta bien souvent, et le même moyen fut mis en œuvre, de sorte que pendant quatre ans la Veuve Jetté servit comme d'agent à Mgr Bourget pour chercher un asile secret à chacune de celles qui en désiraient et pour porter l'enfant quand il venait au monde, aux sacrés fonts et de là chez les Sœurs Grises[35].

D'après Léocadie Jetté-Laroche, fille de Rosalie, sa mère a confié la première jeune femme dont elle s'est occupée à un de ses fils. Dans ses notes, Cléophée Gaulin[36],

---

35. L'abbé Rey est l'auteur de la première partie des *Mémoires sur l'origine et les progrès de l'établissement de Sainte-Pélagie à Montréal*, manuscrit de dix pages, ASM, B-8, V1120, 19, p. 1.
36. À la demande de Mgr Bourget qui souhaitait recueillir des témoignages sur les débuts de l'œuvre, Cléophée Gaulin a interrogé les enfants et petits-enfants de Rosalie en 1879-1880.

qui a interrogé les proches de celle-ci après sa mort, croit plutôt que la jeune femme a été placée chez son aînée, Rose, et qu'elle y a vécu quatre mois. Par ailleurs, une des petites-filles de Rosalie rapporte que, avant la fondation de son œuvre, une de ses protégées s'est enfuie durant la nuit : « [...] ma grand-mère s'étant aperçu qu'elle manquait a été réveillé un de ses garçons pour tâcher de la retrouver. [...] Ils l'ont amenée à la maison elle était seulement sur ses bas et en robe de nuit ma grand-mère a écrit à son père et il est venu la chercher[37]. »

Outre l'ascendant de Mgr Bourget sur elle, d'autres facteurs ont pu amener Rosalie Jetté à déployer son énergie au service des mères célibataires. Ayant elle-même mis au monde onze enfants, dont six qui lui ont donné une quarantaine de petits-enfants, elle avait une connaissance intime de la maternité et possédait certes l'expérience requise pour s'occuper des filles-mères dans le besoin. Faut-il voir aussi l'influence de madame Cadron qui était sage-femme à Lavaltrie ? Il n'est pas impensable que Rosalie ait aidé sa mère dans son travail. On sait que, en 1819, enceinte de son cinquième enfant, elle a accueilli chez elle des jumelles qui venaient tout juste de naître. Cet épisode est raconté par Cléophée Gaulin, d'après les souvenirs qu'elle a recueillis auprès des enfants de Rosalie :

> [...] un jours sa Mère ayant été appelé comme sage femmes et comme ceux qui était dans ce lieux voulait lui faire brulé l'enfants et en même temps la ménascant de mort si elle refusait dans cette terrible situations elle usa de ruse et pretexsa le besoin dêtre seule avec la malade pour lui donné des soins on la laissa rentré dans la chambre en ayant soin de fermée la porte a la clef ce qui fut son salui et

---

Son manuscrit intitulé « Deuxièmes notes historiques au sujet de Rosalie Cadron-Jetté dite Mère de la Nativité » est conservé aux ASM, au dossier de sœur Saint-Venant, H-1.1, n° 24. L'incident mentionné ici est raconté à la page 6.

37. Témoignage d'une petite-fille anonyme de Rosalie, ASM, A-11/73.

celui du pauvre petit malheureux vouée a une mort horribles elle ouvrit une fenêtre se jetta en bas avec le petit enfans enveloppe dans son tablier rendu chez sa fille Madame Jette en prit soins le fit baptisé le garda quelque temps et elle eut beaucoup de pein à se separé de ce peauvres enfants[38] [...]

En réalité, il s'agissait non pas d'un nouveau-né, mais de deux. Des jumelles, comme l'indique leur acte de naissance de la paroisse de Saint-Antoine de Lavaltrie. Baptisées le 15 mars 1819, jour de leur naissance, Léocadie et Marie-Louise sont inscrites comme étant nées de parents inconnus. Rosalie et Jean-Marie sont la marraine et le parrain de la petite Léocadie. Trois jours plus tard, les jumelles sont conduites à l'Asile des enfants trouvés des Sœurs grises.

D'autres causes charitables auraient cependant pu retenir l'attention de Rosalie. Or des œuvres existaient déjà pour s'occuper des orphelins, des indigents irlandais, ainsi que des femmes âgées et impotentes. En revanche, personne ne se souciait du sort des filles enceintes en dehors des liens du mariage, mises au ban de la société et qui nécessitaient des soins médicaux. Les naissances illégitimes et les unions précipitées n'étaient pas rares et, souvent chassées ou éloignées temporairement de leurs familles, les mères célibataires n'avaient nulle part où aller.

Rosalie était certainement très sensible à leur situation. Dans son propre entourage, un de ses fils, Léonard, a épousé à 22 ans Anastasie Hubout dit Tourville, âgée de 16 ans, le 27 novembre 1843, deux mois presque jour pour jour avant la naissance de leur fille Anastasie. Et, bien avant, les actes civils indiquent que sa sœur, Sophie Cadron, a accouché de son premier enfant moins de six

---

38. Cléophée Gaulin, «Deuxièmes notes historiques», *op. cit.*, p. 1.

mois après son mariage. Elle avait alors 16 ans. Le père, François Laberge, en avait 19[39].

Rosalie n'exprimait jamais le moindre jugement négatif, la moindre remarque désobligeante à propos de la conduite des filles-mères, qu'elle appelait ses «chers enfants» ou ses «trésors»[40]. Pendant plusieurs années, elle se contente de sillonner le faubourg en quête de familles prêtes à héberger les filles enceintes sans mari que lui envoie Mgr Bourget. Vient un moment où les demandes sont si nombreuses qu'il s'avère impossible de trouver des foyers d'accueil pour chacune. De plus, comme ces malheureuses sont éparpillées à travers la ville, il devient difficile de leur fournir les soins requis par leur état. Il faut savoir qu'à cette époque les femmes enceintes ne sont pas admises à l'hôpital pour y accoucher. Or, la plupart d'entre elles n'ont pas les moyens économiques de poursuivre leur grossesse, encore moins d'élever un enfant. Celles qui avortent le font entre les mains de charlatans dans des conditions périlleuses.

La situation est préoccupante, car la ville déplore beaucoup d'infanticides. Les journaux en font régulièrement état. Ainsi, *La Minerve* du 5 juin 1843 rapporte la découverte d'un nouveau-né ramassé sur le coteau Sainte-Geneviève. Né vivant, il serait mort «des suites du honteux abandonnement des indignes auteurs de ses jours».

Le nombre de cas d'enfants abandonnés, illégitimes pour la plupart, augmente lui aussi d'année en année, et pour ceux-ci, il est souvent trop tard. Entre 1801 et 1870, de 80 à 90 % des 15 000 enfants recueillis à la crèche d'Youville

---

39. ASM, A-3.3/13; «Synthèse chronologique du dossier de Rosalie-Jetté dite mère de la Nativité», *Cause de béatification et de canonisation de la servante de Dieu*, tome VII, Montréal, 1991, p. 15 et 35; dans le tome IV du même dossier, on trouve une copie de tous les actes civils concernant Rosalie Cadron-Jetté et sa famille, p. 76-80.
40. Plusieurs des religieuses ayant côtoyé Rosalie Jetté ont rapporté combien les filles-mères étaient chères à son cœur.

y mourront[41]. En 1865, un relevé de l'Hôpital général indique l'état pitoyable de ceux qui ont été trouvés dans la rue, au bord de la rivière, enveloppés dans un journal ou gelés dans des guenilles toutes raidies par le froid. Les uns étaient mourants, les autres malades, sales (n'ayant pas même été lavés), couverts de vermine, blessés par les instruments des médecins, inconscients sous l'influence de l'opium[42]... Dans leur témoignage, les proches de Rosalie racontent qu'un jour on ramassa « cinq petits enfants gisant dans les rues et dont un broyé par des chevaux[43] ».

Outre leur mauvais état à l'arrivée à la crèche d'Youville, ces enfants meurent aussi à cause de maladies d'origine gastro-intestinale. En effet, la séparation d'avec la mère et le manque de nourrices privent l'enfant du lait maternel, à une époque où le lait de vache n'est pas pasteurisé. Les survivants seront placés à l'âge de sept ou huit ans comme apprentis ou domestiques chez des particuliers de la ville ou chez des fermiers à la campagne[44].

La fondation de l'Hospice de Sainte-Pélagie

Il faut trouver une solution à cette pénurie de ressources aux conséquences funestes, et c'est ici que Mgr Bourget entre véritablement en scène. Dans sa biographie de l'évêque de Montréal, Léon Pouliot, s.j., affirme que celui-ci a mûri son projet d'ouvrir un hospice pour les filles enceintes bien avant de faire venir Rosalie Jetté à l'évêché pour lui proposer de le mettre sur pied[45]. Adélaïde Lauzon, l'une des premières compagnes de Rosalie dans cette aventure, rapporte une confidence de cette dernière :

---

41. Peter Gossage, « Les enfants abandonnés à Montréal au 19e siècle : la crèche d'Youville des Sœurs Grises, 1820-1871 », *Revue d'histoire de l'Amérique française*, vol. 40, n° 4, printemps 1987, p. 537.
42. Huguette Lapointe-Roy, *op. cit.*, p. 151-152.
43. Témoignage des enfants de Rosalie, *op. cit.*, ASM, A-11/69.
44. Peter Gossage, *op. cit.*, p. 548.
45. Léon Pouliot, *op. cit.*, p. 66.

« Elle m'a avoué que Mgr Bourget l'avait fait prier pendant cinq années consécutives, sans lui dire pourquoi, avant de lui faire entreprendre la fondation de son œuvre de miséricorde et de charité[46]. »
Rosalie a 51 ans. Elle a toujours répondu avec empressement aux appels de son évêque. « Je l'ai bien fait trotter, cette pauvre femme », dira celui-ci plus tard[47]. Mgr Bourget la croit capable de réaliser son projet, bien qu'elle n'en ait pas les moyens financiers. Aussi, s'assure-t-il d'abord de la collaboration de l'homme d'affaires Antoine-Olivier Berthelet. L'abbé Antoine Rey raconte la suite : « Muni de cet espoir de succès provenant des ressources pécuniaires, il pria la Ve Chetté de louer une maison et d'y recevoir les filles tombées en faute qu'il lui adresserait[48]. »

Dans sa biographie de Rosalie écrite en 1880, Avélina Paquin cite le dialogue qui, ce jour-là, se serait déroulé entre la fondatrice et Mgr Bourget :

> Monseigneur fit donc un jour venir Mme Jetté et lui dit : « Comme il a plu à Dieu de se servir de vous pour faire beaucoup de bien aux filles infortunées, n'aimeriez-vous pas à fonder une Communauté où Dieu serait glorifié et ces pauvres âmes secourues ? » Madame Jetté qui avait une si humble opinion d'elle-même se récria sur son incapacité, son peu de vertus et son défaut de ressources. Mais « Dieu le veut », dit Monseigneur, alors elle s'inclina devant cette divine volonté[49].

---

46. Témoignage d'Adélaïde Lauzon (sœur Sainte-Marie d'Égypte), ASM, A-11/16.
47. Avélina Paquin, *Notes sur la vie de Rosalie Cadron, en religion Sœur de la Nativité, fondatrice des Sœurs de Miséricorde*, ASM, J-1.1. Dans un brouillon de ses notes, l'auteure a écrit « cette pauvre vieille ». Dans la version finale, soumise à Mgr Bourget pour approbation, le mot « vieille » a été remplacé par « femme ».
48. L'abbé Antoine Rey, *op. cit.*, ASM, B-8 V1260, 19, p. 3.
49. Avélina Paquin, *op. cit.*, ASM, J-1.1, p. 3. Cet extrait est tiré d'un brouillon comportant des ratures et des ajouts et qui a été soumis

Rosalie n'avait jamais songé à prendre le voile. Avant la fondation de l'ordre religieux, elle a souvent répété à ses enfants qu'elle espérait finir ses jours dans un couvent non pas comme religieuse, mais comme pensionnaire, car, précisait-elle, «je suis trop vieille et incapable».

Pour écrire cette vie de Rosalie Jetté, Avélina Paquin a puisé dans cinq manuscrits d'origine qui regroupent les souvenirs rédigés par plusieurs collaboratrices de la fondatrice ainsi que les témoignages des membres de sa famille. Ce document, préparé dans le but de démontrer le courage et la générosité de Rosalie, a été soumis à Mgr Bourget pour approbation. Il existe deux versions de ce manuscrit. La première est un brouillon corrigé par l'évêque et la seconde en est la copie retravaillée. Seuls des changements mineurs et sans importance ont été demandés à l'auteure.

Avélina Paquin nous apprend que Rosalie Jetté a bel et bien accepté d'ouvrir un hospice, même si elle ne se sent pas apte à diriger une communauté. Sans hésiter, elle part à la recherche d'un lieu pouvant servir de refuge pour les filles-mères qu'elle assistera «dans leur maladie» et à qui elle donnera les soins requis durant leur convalescence.

Son fils Pierre, maître cordonnier de la Cité de Montréal, vient de louer une maison, rue Saint-Simon (aujourd'hui rue Saint-Georges), dans le faubourg Saint-Laurent. Il lui cède gratuitement le grenier, apparemment sans savoir ce qu'elle en fera. Elle emménage le 1er mai 1845, en compagnie d'une femme de 28 ans prénommée Domitile G., fraîchement accouchée et qui est en mesure de l'aider à organiser la maternité. Inscrite au tout premier rang du *Registre des entrées et sorties de l'Hospice de Sainte-Pélagie*[50], cette «pauvre pécheresse», comme disait Mgr Bourget, repartira le 30 juillet suivant, dix jours après

---

à l'approbation de Mgr Bourget. L'évêque n'a rien enlevé ni ajouté à ces propos.
50. *Journal des pénitentes, Registre des entrées et sorties de l'Hospice de Sainte-Pélagie*, ASM, RJ-1 V1450, 57.

l'arrivée de Sophie Desmarêts, veuve de Michel Raymond et première associée de Rosalie. Au cours de ce premier mois, une jeune Montréalaise de 18 ans y accouchera à son tour d'un garçon.

Jusqu'à la fin du mois de juillet, Rosalie reçoit de cinq à huit pensionnaires à la fois, dont elle s'occupe avec Domitile et madame Raymond. Chacune des filles séjournera chez elle entre trois et neuf mois. Presque sans aide, Rosalie se débrouille avec les moyens du bord. La nuit, s'il faut aller chercher le médecin – habituellement le docteur Wolfred Nelson –, la sage-femme ou le prêtre, elle part seule, armée de son chapelet. «Elle passait par la grande rue Saint-Laurent, raconte Justine Filion. Elle disait qu'elle n'avait pas peur, et qu'il ne lui est jamais rien arrivé, bien que la distance fut éloignée[51].»

Justine Filion, qui a connu la maison de la rue Saint-Simon, la décrit ni plus ni moins comme un taudis, si délabré «que les diverses pièces mal jointes laissaient pénétrer l'air et la lumière». Glacière en hiver, étuve en été, cette masure était «très incommode et beaucoup trop petite». Elle paraissait «enfoncée dans la terre[52]». L'abbé Rey précise que, pour accéder au grenier, il fallait grimper à l'échelle. Antoine-Olivier Berthelet envoie à Rosalie quelques lits, une table, des chaises, un poêle et des ustensiles de cuisine. Un autre bienfaiteur qui passe ses journées à quêter pour les pauvres, Pierre Beaudry, surnommé le père Beaudry, lui apporte une quinzaine de livres de viande.

Mgr Bourget nomme la maternité «Hospice de Sainte-Pélagie» à la mémoire d'une actrice de mauvaise vie, née à Antioche en l'an 430, qui s'est convertie quelques années avant sa mort en 457. C'est lui aussi qui affuble les pensionnaires de la maison du nom de «pénitentes», terme qu'il a emprunté aux filles-mères de la maternité

---

51. Justine Filion, *Mémoires sur l'origine et les progrès de l'établissement de Sainte-Pélagie à Montréal*, 2e partie, ASM, B-8 V1260, 19, p. 16.
52. *Ibid.*, p. 19.

de la Miséricorde de Laval qu'il a visitée en France à l'automne de 1846. L'extrême dénuement de l'hospice n'est pas l'unique souci de Rosalie. En effet, ses enfants, Pierre en tête, s'opposent à sa mission. Inquiets, mais aussi irrités de la voir se « déshonorer » ainsi, ils organisent une levée de boucliers. Sophie Bibeau, une autre des premières collaboratrices de Rosalie, raconte qu'un jour ils vinrent la voir pour la supplier de revenir auprès d'eux : « […] pour l'y contraindre, ils voulurent emporter le peu qui était à son usage : emportez tout, mes enfants, leur dit-elle, mais pour moi, je reste ici[53]. »

Une de ses belles-filles va jusqu'à lui reprocher d'être une honte pour sa famille. Elle prétend « quelle n'était plus respectable puisqu'elle soutenait des personnes si basses ». Sa fille Léocadie se souvient aussi que l'évêque de Montréal est alors intervenu : « Ses enfants se sont opposés à cette œuvre par ce qu'ils disaient que sa santé ne lui permettait pas, mais Monseigneur les ayant réunis, les firent consentires[54]. »

Dans son entourage, la réaction est tout aussi négative. Avélina Paquin écrit : « Ses connaissances lui disaient : nous espérons que vous ne vous mettrez pas à la tête d'une œuvre qui est si méprisée du monde, vous qui en êtes si respectée : abandonnez tout là, et revenez au milieu de vos enfants, ce sera bien plus honorable[55]. » On l'accuse d'encourager le vice en accueillant ces filles réputées de mauvaise vie. On prétend qu'il faut les laisser à la rue pour les corriger. Une personne lui dit un jour : « Moi, à votre place, je ne ferais pas une chose semblable. Vos enfants vont avoir honte de vous ; je crains que les gamins viennent

---

53. Sophie Bibeau (sœur Marie-de-Bonsecours) a vécu 17 ans avec Rosalie Jetté. Son témoignage, signé après la mort de la fondatrice, est conservé aux ASM, A-11/17.
54. Cléophée Gaulin, *op. cit.* p. 7 ; Philomène et Janvière Thomas, *op. cit.*, p. 1.
55. Avélina Paquin, *op. cit.*, p. 16.

tout briser en votre maison, voyant que vous gardez de semblables filles[56] [...] »

DES DÉBUTS DIFFICILES

D'après ses compagnes, Rosalie Jetté n'a jamais aimé parler des pénibles débuts de son institution. L'une d'elles, Lucie Lecourtois, raconte : « Plus d'une fois, je lui demandai de me faire connaître les peines et misères de sa fondation, mais elle ne voulait point, se contentant de dire que Dieu le savait et que cela était suffisant[57]. »

Plusieurs des pionnières ont cependant laissé le récit de leurs premières années au service des filles-mères. Leurs témoignages s'accordent sur un point crucial : elles ont eu à souffrir d'un manque de ressources flagrant et d'incroyables privations. En fait, l'improvisation de cette œuvre est stupéfiante. Si Mgr Bourget a réussi à convaincre Rosalie de fonder l'Hospice de Sainte-Pélagie, il ne lui a certes pas fourni les moyens de mener à bien l'entreprise. Ce qu'il a lui-même reconnu, du reste : « Je lui envoyais toutes les filles qui se présentaient. Je n'en refusais aucune. Je ne lui donnais rien et elle pourvoyait à leur entretien, se privant elle-même pour cela. Elle donnait son lit et couchait sur le plancher[58]. »

Deux des compagnes de Rosalie Jetté apportent un éclairage particulièrement intéressant. La première, Lucie Lecourtois, a 36 ans à son arrivée chez Rosalie, le 16 septembre 1846. Née à L'Assomption, elle résidait déjà à Montréal depuis un certain temps. Pendant 18 ans, elle a vécu sous le même toit que la fondatrice. Elle a laissé un

---

56. *Ibid.*
57. Lucie Lecourtois, *Notes de sœur Marie-des-Sept-Douleurs*, ASM, A-11/14.
58. Témoignage de Mgr Ignace Bourget, donné le 4 décembre 1879, *Notes historiques, 1877-1880*, chroniques communautaires, ASM, J-1 M4V1120, 93, p. 95.

manuscrit de 22 pages plein d'anecdotes et de détails dans lequel elle reconstitue les faits dont elle a été témoin[59]. La seconde, Justine Filion, a 44 ans. Institutrice dans son village natal, Saint-Louis-de-Terrebonne, elle a dû quitter ses fonctions pour élever ses neveux et nièces devenus orphelins. Elle a ensuite ouvert pour les pauvres de sa région un refuge qui, faute de moyens financiers, a fermé ses portes trois ans plus tard. Le 8 octobre 1846, elle s'est jointe à Rosalie qu'elle a côtoyée pendant 20 ans. Son manuscrit[60], écrit à partir de 1866, année de la mort de Rosalie, contient des erreurs de dates et des répétitions. Néanmoins, il est précieux puisque l'auteure relate les confidences qu'elle a reçues de la bouche même de la fondatrice qu'elle appelle « Mme Chetté ».

Grâce à ces deux témoins privilégiés, nous apprenons qu'après un an passé rue Saint-Simon, Rosalie doit quitter son grenier où elle se trouve trop à l'étroit. Le 4 mai 1846, elle s'installe rue Wolfe, près de la rue Sainte-Catherine, dans le faubourg Québec, un quartier bruyant et enfumé où sont établies les nouvelles industries qui attirent les travailleurs venus des campagnes. En bois, la maison de deux étages qu'elle occupera pendant un peu moins d'un an est solide et plus spacieuse, même si une aile du bâtiment est habitée par un charretier et sa famille. La maternité peut désormais abriter onze pensionnaires à la fois, comme l'indique le *Registre des entrées et sorties de l'Hospice de Sainte-Pélagie*.

À cette époque, Rosalie accueille de nouvelles collaboratrices. Qui sont ces pionnières prêtes à tout laisser pour prendre soin de filles enceintes avec Rosalie Jetté? Un « étrange assortiment de jeunes femmes, de veuves entre deux âges et de célibataires d'âge mûr », pour reprendre l'expression de l'historienne Marta Danylewycz[61].

---

59. Lucie Lecourtois, *op. cit.*, ASM, A-4, 1/6.
60. Justine Filion, *op. cit.*, ASM, B-8 V1260, 19.
61. Marta Danylewycz, *Profession : religieuse. Un choix pour les Québécoises (1840-1920)*, Montréal, Boréal, 1988, p. 102.

Jadis couturière, Sophie Desmarêts (veuve Raymond), première compagne de Rosalie Jetté, a 50 ans. Elle est native de Rivière-du-Loup et Montréalaise d'adoption. Après le décès de son mari, elle a collaboré aux œuvres des Sœurs du Bon-Pasteur d'Angers, religieuses françaises venues à Montréal à la demande de Mgr Bourget pour secourir les ex-prisonnières. Mais elle n'y est pas heureuse. L'évêque lui suggère alors d'offrir ses services à Rosalie. Ses contemporaines la décrivent comme « intelligente, adroite et entendue en affaires ». Elle est reçue à bras ouverts par la fondatrice. Peu après son arrivée, le 20 juillet 1845, elle met M. Berthelet, qu'elle connaît personnellement, au courant de l'extrême misère de cette œuvre naissante. Il fera immédiatement livrer « deux voitures de vivres et d'effets[62] ».

Née à Yamaska, Geneviève Salois (veuve Montrait), dont on ignore l'âge, est sage-femme. On sait qu'elle vit à Montréal puisque déjà, rue Saint-Simon, c'est elle qu'on appelait pour accoucher les pensionnaires de Rosalie. Entrée à l'hospice le 3 juillet 1846, elle quitte le noviciat en 1847 pour raisons de santé. À sa demande, elle continuera d'y demeurer afin d'y exercer son métier dans la mesure de ses capacités. Elle y mourra du typhus moins de deux ans après, en 1848[63].

Deux autres veuves, Avite Bourdon-Normandin et Marie-Amable Doyon-Smalwood, plieront bagage peu après leur arrivée, la seconde pour aller s'occuper de son fils.

Rosalie s'entoure aussi de célibataires. Lucie Benoît, 28 ans, habitait chez ses parents dans une maison voisine de l'hospice, rue Wolfe, avant d'entrer à la maternité. Son père, malgré ses modestes moyens, donnait de la nourriture à l'œuvre naissante. Il permettait en outre aux compagnes de sa fille de fendre leur bois et d'étendre

---

62. *Biographies des sœurs décédées, 1853-1894*, Couvent de la Miséricorde, Montréal, 1924, tome 1, p. 16. La veuve Raymond mourra à l'Hospice de Sainte-Pélagie huit ans plus tard.
63. Justine Filion, *op. cit.*, p. 2.

leur lessive dans sa cour[64]. Une jeune femme de 21 ans, Adélaïde Lauzon, et deux célibataires d'une trentaine d'années, Sophie Bibeau et Marie Gauthier, viendront se joindre au noyau initial. Enfin, trois autres feront de courts stages à la maternité : Eugénie Brouillet, 43 ans, y restera un an et demi, Marguerite Gagnon, 25 ans, trois ans, et Élizabeth Tailleur, dont l'âge n'est pas mentionné, à peine quelques mois. Ces femmes sont d'origine modeste. Pour toute richesse, elles ont emporté dans leurs bagages un peu de linge de corps (jupons de coton, mouchoirs de poche, bas de laine, coiffes, tabliers, etc.) et quelques objets d'utilité courante : une paillasse, des draps, un couvre-lit, une couverture et des oreillers[65].

L'historienne Marta Danylewycz a comparé l'origine sociale des Sœurs de Miséricorde à celle des Dames de la Congrégation, de 1850 à 1920. Elle a constaté que les premières sont majoritairement filles de cultivateurs ou d'ouvriers. Seules 2 % ont un père fonctionnaire du gouvernement ou de l'administration civile et très peu d'entre elles sont issues des couches professionnelles ou commerciales. La situation est fort différente à la Congrégation de Notre-Dame, qui attire surtout les jeunes filles de la classe moyenne souhaitant œuvrer dans le domaine de l'éducation[66].

Ce monde de l'éducation est totalement inaccessible aux Sœurs de Miséricorde qui, pour la plupart, n'ont pas l'instruction requise. Plusieurs savent lire, mais rares sont celles qui peuvent écrire. Si l'on se fie aux notes manuscrites que quelques-unes ont laissées, force est de constater qu'elles ne maîtrisent pas l'orthographe. En fait,

---

64. *Ibid.*, p. 35 ; Lucie Benoît (sœur Sainte-Béatrix) a laissé trois pages de souvenirs des débuts du noviciat, avant de mourir du typhus en 1879, ASM, A-11/52.
65. L'abbé Antoine Rey, *op. cit.*, p. 5-6.
66. Marta Danylewycz, *op. cit.*, p. 115 et 117.

elles écrivent au son. Avélina Paquin, qui a connu la plupart des pionnières alors qu'elles étaient âgées, dit :

> Aucune de nos mères fondatrices n'avait assez d'instruction pour tenir de manière convenable les livres de la maison ou entretenir sa correspondance. Il y en avait qui avaient été au couvent, mais pas assez pour acquérir une science suffisante. Elles apprirent à écrire quelque peu, mais sans orthographe[67].

On compte sur les plus instruites pour enseigner à lire à leurs consœurs. Mais, happées par le travail quotidien, celles-ci auront peu de temps à consacrer à cette tâche supplémentaire.
Au début, on les appelle les Dames de Sainte-Pélagie. Les unes après les autres, elles emménagent avec leurs hardes. La maison de la rue Wolfe marque un progrès par rapport au grenier de la rue Saint-Simon, mais rien n'est encore en place pour accueillir autant de pensionnaires et de soignantes. Lucie Lecourtois décrit l'installation rudimentaire des lieux :

> Un vieux poêle qui n'avait pas de clanche ; on se servait d'une cuillère pour l'ouvrir et brasser le feu, ce qui n'était pas trop commode, quelques chaises qui n'avaient presque pas d'empaillure, dix à onze baudets, quelques couchettes et des pauvres paillasses bien usées, quelques couvertures qui n'étaient pas très certainement suffisantes pour les couvrir et particulièrement dans les gros froids de l'hiver le reste du ménage était plus semblable et cela se réduisait à très peut de choses. Il n'y avait qu'une chandelle pour éclairer ces quatre appartements, on l'exhaussait afin de pouvoir voir partout[68].

Les Dames de Sainte-Pélagie couchent au grenier, une pièce si minuscule qu'on peut difficilement circuler entre les lits. C'est aussi sous les combles qu'on fait dégeler

---

67. Avélina Paquin, *op. cit.*, p. 55.
68. Lucie Lecourtois (sœur Marie-des-Sept-Douleurs), *op. cit.*, ASM, A-4.1/6, p. 7.

le linge frais lavé et qui a séché dehors, avant de pouvoir le repasser, d'où l'humidité ambiante malsaine. De plus, l'odeur du savon mélangée à celle du sang imprégnée dans les draps se répand sur tout l'étage. Les filles enceintes dorment dans la salle commune ou, si elles sont trop nombreuses, un peu partout dans la maison, cependant que les nouvelles accouchées passent la nuit dans la salle des naissances. Dès qu'elles vont mieux, elles regagnent la salle commune.

Au réfectoire, les pénitentes mangent d'abord, suivies de leurs soignantes. Comme le lavage se fait dans la même pièce, on entasse le linge dans les cuvettes remisées dans un coin pour pouvoir dresser la table dans l'autre. La nourriture est frugale et de piètre qualité. On se contente de ce que les bouchers du voisinage veulent bien céder gratuitement ou presque. Des têtes de bœufs et de moutons, des jarrets et des fressures (cœur, foie, poumons) que M. Jos Beaudry apporte dans une poche. «Quoiquil fut bien peu appétissante nous nous estimions heureuses de pouvoir l'à voir pour subsister[69]», écrit Justine Filion.

De temps à autre, des bienfaiteurs envoient du thé, du café, du sucre et du beurre. Mais, la plupart du temps, on mange de la soupe et du pain qu'on va chercher au Dépôt des pauvres ou à la boulangerie des Sœurs de la Providence.

Au cours du premier hiver, Justine Filion se souvient d'avoir fait boucherie «d'un petit cochon que nous avions angressé cela nous a aider à passer ce temps toujour misérable pour les pauvres. On avait mis en élève deux autres petits cochons, mais ils sont mort à l'automne, faute de pouvoir les loger et les nourrir[70]». Le chapelain n'apprécia pas cette « boucherie », comme le raconte Avélina Paquin : «Cette manière de procéder ne plut pas au Père Rey qui leur demanda si on voulait mettre à vendre du

---

69. Justine Filion, *op. cit.*, p. 13.
70. *Ibid.*, p. 36.

lard, car il disait que des queues d'oignons et un morceau de pain étaient suffisants pour le repas d'une religieuse[71].» Dans ce contexte de privations, Rosalie Jetté et ses compagnes se retroussent les manches pour nourrir leurs pensionnaires, mais aussi pour payer le loyer et les dettes qui s'accumulent rapidement. Les unes gagnent quelques piastres en faisant la lessive pour des gens du voisinage et les autres effectuent des travaux de couture et de cordonnerie sur commande. Rosalie confectionne des semelles et des bordures de souliers, comme le lui ont appris ses fils cordonniers. Justine Filion, qui sait fabriquer le savon et les cierges – elle a apporté sa grande chaudière de cuivre pour les couler –, enseigne la façon de faire à ses compagnes. Comme elle a aussi des talents pour la menuiserie, elle rafistole des meubles. Il lui revient en outre de pelleter la neige, de fendre le bois et de faire à pied les commissions.

Naturellement, les Dames de Sainte-Pélagie mènent de front toutes ces corvées en plus de donner les soins aux filles-mères et à leurs nouveau-nés. Le réveil sonne à 4 heures 30 du matin et plusieurs sont encore à l'ouvrage au moment du coucher à 21 heures. Il n'est pas rare, la nuit, qu'il faille se lever pour aller chercher le médecin dont une fille en travail a besoin.

Mgr Bourget fait parfois remettre aux Dames de Sainte-Pélagie le fruit des quêtes du dimanche à la cathédrale. S'il dîne à l'occasion à la maternité avec ses prêtres, ceux-ci se cotisent pour laisser quelques écus en partant. Quant aux sulpiciens, ils font à l'Hospice de Sainte-Pélagie une aumône d'une quarantaine de dollars chaque année. Il faudra attendre 1857 avant que le gouvernement donne 600 piastres et la Banque d'Épargne, 200[72]. En somme, à part quelques dons provenant de la recette de bazars organisés par des âmes charitables, l'hospice ne dispose d'aucune aide. Cela suffira pour décourager certaines des

---

71. Avélina Paquin, *op. cit.*, p. 23.
72. *Ibid.*, p. 23-24.

premières compagnes de Rosalie. Entre 1846 et 1850, seules 12 des 20 soignantes admises persévèrent. De 1851 à 1860, la majorité, soit 28 des 50 pionnières, abandonnera[73]. Au XIXe siècle, toutes les œuvres bouclent leurs fins de mois grâce aux dons. Dès lors, pourquoi l'Hospice de Sainte-Pélagie ne reçoit-il pas sa juste part de la charité publique? Lucie Lecourtois l'explique à sa façon:

> Les personnes qui auraient pu nous faire quelque charité, comme d'ordinaire on fait pour les autres communautés pauvres et commençantes, eh! bien, ces bonnes âmes charitables qui auraient dû et pu le faire facilement, et qui probablement désiraient le faire, n'osaient pas, vu qu'elles avaient horreur de notre œuvre[74].

En somme, c'est le but poursuivi par cette œuvre, sa mission, qui lui vaut la réprobation populaire. Pour les pionnières, le plus dur pourrait avoir été le regard des autres posé sur elles. Rares sont les bienfaiteurs qui, à part M. Berthelet, ne se laissent pas arrêter par la mauvaise réputation de la maternité. Comme l'explique Marta Danylewycz: «À cause des préjugés qui s'exercent contre les mères célibataires, les sœurs sont stigmatisées comme "complices du péché", un net désavantage lorsqu'il s'agit de faire appel à la charité et de recueillir des dons[75].»

On s'interdit de secourir les filles-mères qu'on méprise ouvertement, mais on se donne bonne conscience en aidant leurs malheureux enfants. Justine Filion se souvient que «beaucoup de petits linges et flanelles ont été donné en differrant temps pour abilliez les petites enfants, qui n'était pas un objet d'oreur au personnes charitable[76]». Ce mépris silencieux ou affiché explique, selon l'historienne Danylewycz, pourquoi les Sœurs de

---

73. Marta Danylewycz, *op. cit.*, p. 95. Ces chiffres sont tirés du *Registre des Sœurs de Miséricorde*, 1848-1921 conservé aux ASM.
74. Lucie Lecourtois, *op. cit.*, ASM, A-4.1/6, p. 2.
75. Marta Danylewycz, *op. cit.*, p. 98.
76. Justine Filion, *op. cit.*, p. 48.

Miséricorde sont obligées de travailler deux fois plus durement que leurs consœurs plus prospères des communautés enseignantes. En comparaison avec les autres établissements de charité, la maternité des Sœurs de Miséricorde fait figure de parent pauvre. À titre d'exemple, rappelons que, dans les années 1840, les Sœurs grises tirent de leur seigneurie de Châteauguay – héritée au siècle précédent des Frères hospitaliers, du temps de leur fondatrice, mère d'Youville, – et de leur ferme de la Pointe-Saint-Charles la majeure partie des aliments consommés à l'Hôpital général. Elles peuvent également compter sur l'argent fourni par les dames pensionnaires qu'elles hébergent et qui les aident à fabriquer des hosties, des cierges, des lampes de sanctuaire, des scapulaires, des chapelets et des fleurs artificielles pour décorer les autels, objets qu'elles mettent ensuite sur le marché[77]. Enfin, elles reçoivent une aide financière substantielle des Sulpiciens dont elles entretiennent les vêtements sacerdotaux.

Les Sœurs de la Providence n'ont pas de biens-fonds comme les Sœurs grises. Néanmoins, Émilie Gamelin, qui a investi sa fortune personnelle dans son asile, s'est constitué un réseau d'entraide composé de dames issues de son propre milieu bourgeois et prêtes à organiser des bazars et des quêtes en faveur des femmes âgées. Ses principales sources de revenus proviennent cependant des « industries ». En effet, ses sœurs confectionnent des ornements d'église faits de soies et de draps d'or importés de France grâce à l'intervention de Mgr Bourget. Elles réalisent aussi des travaux de tissage et vendent des produits pharmaceutiques. Le supplément émanant des dames pensionnaires et des prêtres malades qu'elles hébergent ainsi que la dot apportée par les postulantes ne sont pas négligeables[78].

---

77. Huguette Lapointe-Roy, *op. cit.*, p. 65-67.
78. *Ibid.*, p. 70-79.

Sans propriété, les Dames de Sainte-Pélagie tirent leurs revenus de leurs travaux manuels. Si la Banque d'Épargne leur fait un don annuel, la ville de Montréal en revanche refuse même d'effacer le montant de la taxe d'eau[79]. Aux dettes qui s'accumulent et aux privations s'ajoute l'obligation d'exécuter des tâches bien particulières qui les soumettent quotidiennement au jugement de la société puritaine de l'époque. Dans les rues, au hasard de leurs sorties, on les confond avec les mères célibataires, on les insulte, on croit se déshonorer en entrant chez elles. Cléophée Gaulin explique pourquoi tout un chacun blâme si sévèrement la fondatrice :

> [...] c'était un déshonneurs de gardé de telle personnes chez soi car ces malheureuse ne trouvait asile que dans les lupanars ou la vie de leurs enfants était en denger aussi que celle de leurs âmes tout ces parents aussi que les étranges de sa connaissance l'insultait et lui disaient que ce n'était pas une charité mais une manière de soutenir le vice[80].

Les Dames de Sainte-Pélagie sont particulièrement l'objet de sarcasmes lorsqu'elles vont à l'église Notre-Dame faire baptiser les nouveau-nés, avant d'aller les porter à l'Asile des enfants trouvés. Lucie Lecourtois se souvient de l'une de ces équipées éprouvantes. C'était un dimanche, pendant les vêpres. Cinq de ses compagnes faisaient à pied avec cinq bébés le trajet depuis la rue Wolfe jusqu'à la place d'Armes, car elles étaient trop pauvres pour posséder une voiture et un cheval. Dans l'église, les cris des enfants dérangeaient les fidèles. Il se trouvait même des religieuses pour s'en irriter :

---

79. Renseignements tirés des notes de Marie Perras (sœur Marie-de-la-Miséricorde) envoyées en 1870 à Stanislas Drapeau, auteur de cinq volumes intitulés *Études historiques et statistiques sur les institutions de charité, de bienfaisance et d'éducation du Canada*, ASM, B-2.3/2, 1.
80. Cléophée Gaulin, *op. cit.*, ASM, H-1.1, n° 24, p. 7.

En passant près des Srs de la Congrégation, raconte-t-elle, elles s'appercurent qu'il y en avait qui pleuraient, d'autre se mettaient les mains sur les yeux tant elles parraisait avoir honte de nous voir passer ainsi de plus le Prêtre qui fut appelé pour baptiser entra à la sacristie en soupirant et les autre personnes qui étaient présente le vaient les épaules[81].

Ce rituel humiliant et éprouvant, surtout par temps glacial, lorsqu'elles sont trempées jusqu'aux genoux, se répète après chaque naissance. Une des porteuses a avoué que si elle s'était écoutée, « elle aurait jeté le long du chemin le petit enfant qu'elle portait et qui criait de toutes ses forces ». Une autre, honteuse, faillit perdre connaissance en croisant sur sa route une personne qu'elle avait connue autrefois et qui ne manquerait pas de la juger[82]. La fondatrice de l'œuvre ne s'épargne pas cette corvée. En dépouillant les extraits de baptême, de l'ouverture de l'Hospice de Sainte-Pélagie jusqu'en juillet 1846, on constate que Rosalie Jetté est inscrite comme marraine de 23 enfants nés de parents inconnus.

À la fin de l'année 1847, nouvelle malchance : le propriétaire de la maison de la rue Wolfe, Jean-Paul Bourgeault, annonce aux Dames de Sainte-Pélagie qu'il ne renouvellera pas leur bail. En fournissant un toit aux filles-mères – il y eut 52 pensionnaires, cette année-là –, il craint de se discréditer et de nuire à sa propriété. Commencent alors d'infructueuses recherches pour trouver un édifice pouvant répondre à leurs besoins. On ne veut d'elles nulle part dans le voisinage. Si personne n'accepte de leur louer une maison, explique Justine Filion, c'est « parce que nous retirions avec nous ces pauvres filles. Car nous avons entendu bien des fois, ses paroles si peut charitable on disait qu'on encourageait le vice en les recevent, ils fallait les laissez pour les corriger, dans la rue[83] ».

---
81. Lucie Lecourtois, op. cit., p. 20.
82. Avélina Paquin, op. cit., p. 30.
83. Justine Filion, op. cit., p. 22.

Cette reconstitution des origines de la maternité fait ressortir les conditions de vie difficiles, parfois inhumaines, de ces pionnières de l'obstétrique. À l'évidence, le contexte économique et social qui prévaut au Bas-Canada a lourdement handicapé leur action. L'indigence qui touche les grandes villes en voie d'industrialisation frappe Montréal de plein fouet. Tout indique que les racines paysannes de Rosalie Jetté, ajoutées à ses déboires financiers, l'ont sensiblement rapprochée des malheureux et amenée à se consacrer aux mères célibataires, une classe négligée par la société.

Si Mgr Bourget a constitué pour elle une force d'impulsion, il n'en demeure pas moins que Rosalie Jetté a trouvé en elle-même les ressources pour réaliser son projet. D'abord seule, puis avec deux veuves et deux célibataires, elle a recueilli au cours des quinze premiers mois 33 filles pauvres et enceintes âgées de 18 à 24 ans qui ont mis au monde autant d'enfants. Sans soutien financier, elle a réussi à leur fournir un abri parfois pendant plus de sept mois[84].

Malgré des carences évidentes, Rosalie avait l'étoffe d'une pionnière. Il importe de souligner qu'à Montréal, avant la fondation de son hospice, aucune communauté religieuse ni association de bienfaisance canadienne-française n'avait accepté pareille mission. Sa maternité, la première à Montréal, a comblé un vide énorme. Elle a pallié une absence totale de services destinés à une catégorie de femmes particulièrement démunies. En effet, les règlements de l'Hôtel-Dieu de Montréal n'autorisaient pas les femmes enceintes à y accoucher. Les Anglo-Protestantes disposeront d'une clinique associée à l'Université McGill à partir de 1847, la *Montreal Lying-in*. Les Montréalaises francophones qui en avaient les moyens faisaient appel à

---

84. *Cause de béatification et de canonisation de la servante de Dieu, Rosalie Cadron-Jetté dite Mère de la Nativité, 1794-1864*, tome VII, tableau n° 5, « Durée de séjour », p. 133.

une sage-femme à domicile. Les pauvres sans famille ni toit mettaient leurs enfants au monde où elles le pouvaient. À l'époque de sa fondation, la maternité de Rosalie Jetté était une institution avant-gardiste. Pour mener à bien son projet, la fondatrice ne disposait d'aucun modèle. Elle a dû tout inventer. Considérant le peu de moyens dont elle bénéficiait, elle apparaît comme une femme d'exception indissociable de son temps.

CHAPITRE II

LES FILLES-MÈRES

Filles perdues, dévoyées, égarées, telles sont les étiquettes accolées aux filles-mères, au milieu du XIXe siècle. Mais qui étaient donc ces « pécheresses » coupables d'être « enceintes d'un commerce illicite » ? Le mystère plane sur ces malheureuses. Nous savons peu de choses d'elles, si ce n'est qu'elles sont souvent rejetées par leur entourage et méprisées par la société rigoriste de l'époque. Sans ressources, elles accouchent loin des leurs dans des conditions précaires et pénibles.

LE JOURNAL DES PÉNITENTES

Pour tracer un certain profil de la mère célibataire du XIXe siècle, j'ai analysé les données trouvées dans le *Registre des entrées et sorties de l'Hospice de Sainte-Pélagie* consigné aux Archives des Sœurs de Miséricorde sous le titre de *Journal des pénitentes* – une appellation qui en dit long sur la connotation de péché liée à la condition de fille-mère.

Chacune de ces femmes est inscrite dans ce livre de bord qui contient des informations factuelles : âge, lieu de naissance ou domicile, statut matrimonial, religion, métier, date d'entrée et de sortie, date de naissance de l'enfant et placement de celui-ci, destination de la mère après l'accouchement, références et, le cas échéant, la cause de son décès, même si certains diagnostics paraissent imprécis à la lumière des connaissances médicales actuelles.

C'est l'abbé Antoine Rey, premier aumônier et directeur de la maternité, qui dès l'ouverture de l'Hospice de Sainte-Pélagie a commencé à consigner ces renseignements dans un cahier. Après sa mort, en 1847, les Sœurs de Miséricorde ont continué les inscriptions. En tout, il y a cinq registres originaux, assez brouillons et plus ou moins bien conservés, qui ont par la suite été retranscrits dans un document unique. À la dernière page, sœur Sainte-Rose de Lima, supérieure, certifie que cette copie est en tous points conforme aux registres originaux et signe en date du 12 décembre 1876[1].

Ce *Journal des pénitentes* est malheureusement incomplet. Les noms de 58 pensionnaires n'y apparaissent pas. La registraire a simplement inscrit leur prénom ou « inconnue » au fichier. Vingt d'entre elles n'ont pas fourni de lieu de résidence. Les autres habitent Montréal pour la plupart. Mais il y a aussi sept Irlandaises, deux Américaines, une Canadienne et une Française dans le même cas.

Ces 58 anonymes ne sont pas considérées comme des pensionnaires privées – ainsi appelait-on les filles qui avaient les moyens de payer les deux dollars de pension qu'on leur réclamait –, à l'exception d'une femme. Elles sont 29 à ne pas avoir accouché, mais on ne sait pas pourquoi, sauf dans deux cas pour lesquels la registraire a écrit : « n'a pas eu besoin de l'Hospice ». Enfin, une Irlandaise dont on ne connaît pas l'âge est morte le jour de son arrivée, le 29 novembre 1860. Pour expliquer son décès, on a noté « empoisonnée » sans plus de précision.

D'autres fiches sont incomplètes. C'est généralement le cas des pénitentes qui paient une pension. Leur présence à la maternité est entourée d'une certaine discrétion. Par exemple, on ne mentionne jamais le nom de l'enfant dont la mère occupe une chambre privée.

Par ailleurs, pour l'ensemble des admissions à l'hospice, des renseignements ont été omis, notamment le lieu de placement des nouveau-nés, sans doute parce que la presque totalité d'entre eux ont été confiés à l'Asile des enfants trouvés des Sœurs grises. Enfin, il y a une variation sensible dans le choix des informations fournies et la

---

1. *Journal des pénitentes*, livre premier, ASM, RJ-1 V1310, 299.

manière de les présenter selon les années. Tout indique que les registraires qui se sont succédé n'ont pas tenu les livres de la même manière. Ainsi, les cases réservées au métier des filles et femmes n'ont été systématiquement remplies que pendant les années 1848 et 1849. La base de données que j'ai tirée du *Journal des pénitentes* permet néanmoins de compiler et d'interpréter de précieux renseignements. J'ai aussi retrouvé quelques rares témoignages provenant de mères célibataires qui, après leur accouchement, sont restées à l'hospice pour s'occuper à leur tour des filles-mères. Sans prendre le voile à l'instar des religieuses, ces « Madeleines », comme on les appelait en référence à la pécheresse Marie-Madeleine, formaient une petite communauté à l'intérieur des Sœurs de Miséricorde. Si leurs propos ne portent à peu près pas sur leurs histoires personnelles, ils apportent un éclairage intéressant sur la vie à la maternité.

UNE ÉCRASANTE MAJORITÉ DE CÉLIBATAIRES

Quelque 2 701[2] pénitentes frappent à la porte de l'Hospice de Sainte-Pélagie entre l'ouverture, en 1845, et la fin du mois de janvier 1866 (tableau 2.1). Au fil des ans, leur nombre augmente constamment. De 53 filles ou femmes enceintes que Rosalie Jetté a recueillies rue Saint-Simon et rue Wolfe, de mai 1845 à juillet 1846, le nombre de pensionnaires est passé à 242 pour l'année 1863 et à 246 en 1865.

Au cours de cette période, 48 de ces mères et 85 enfants sont morts pendant l'accouchement ou dans les jours suivants, soit respectivement 1,08 et 3,07 %. Dans huit cas, l'enfant et sa mère sont décédés le jour même ou pendant la semaine suivant la naissance[3].

---

2. Peut-être un peu plus, puisque le *Journal des pénitentes* n'a pas toujours enregistré les informations concernant les personnes pour lesquelles l'anonymat a été requis.
3. Les causes de ces décès sont précisées au chapitre IV de cet ouvrage intitulé « Le pouvoir médical ».

TABLEAU 2.1
Admissions annuelles des pensionnaires
à l'Hospice de Sainte-Pélagie (1845-1866)

Année	Admissions
1845	7
1846	46
1847	52
1848	86
1849	68
1850	81
1851	93
1852	102
1853	88
1854	105
1855	98
1856	136
1857	123
1858	131
1859	155
1860	170
1861	190
1862	202
1863	242
1864	242
1865	246
1866 (janv.)	33
Non disponible	5
Total	2701

Source : ASM, *Registre des entrées et sorties de l'Hospice de Sainte-Pélagie*. Données compilées par l'auteure.

Notre base de données indique que 84 pensionnaires sont veuves et que 59 sont mariées. Pour les 2 558 autres, rien n'est mentionné à la case réservée au statut matrimonial. On peut en conclure que l'écrasante majorité d'entre elles (94,6 %) sont célibataires. On dénombre 982 orphelines, soit de père, soit des deux parents (36,3 %). Cette proportion élevée peut expliquer la grande vulnérabilité de celles qui n'ont pas de famille pour leur venir en aide.

Que sait-on des veuves ? Bon an mal an, à partir de juillet 1848, elles seront entre 5 et 8 à se présenter à la maternité pour y accoucher. Leur âge varie entre 21 et 43 ans. Moins de la moitié (37 sur 84) n'ont pas 30 ans, 42 sont dans la trentaine et 5 ont 40 ans ou plus. Douze d'entre elles ont été envoyées par un prêtre et une autre, par la supérieure des Sœurs grises. Elles sont toutes catholiques à l'exception de 3 protestantes. Aucune ne semble avoir payé sa pension pendant son séjour.

Parmi ces 84 veuves, une soixantaine ont déclaré habiter dans le diocèse de Montréal, mais seulement le quart d'entre elles sont des Montréalaises. Huit résident en Ontario, cinq ont fait le voyage depuis les États-Unis et quatre viennent de Québec. Il ne nous est pas possible de savoir si leurs enfants sont illégitimes, sauf dans le cas de Marguerite N., pour laquelle la registraire a écrit dans la colonne des observations à propos de sa fille «enfant légitime». Une seule veuve a perdu son enfant («morte née») qui a été ondoyé.

Chez les pensionnaires s'étant déclarées veuves, 67 ont accouché à la maternité. On connaît le nom et la date de naissance de leurs enfants. Elles sont reparties après un séjour de un à trois mois. On ignore où elles sont allées, sauf pour deux d'entre elles qui ont été placées au refuge pour femmes en difficulté tenu par une certaine mademoiselle Bissonnette, dans l'est de Montréal.

Pour les 17 autres, aucun nom d'enfant et aucune date de naissance ne sont inscrits. Ces femmes ont-elles fait une fausse couche? Il nous est impossible de connaître la raison de ce silence. La direction de la maternité aura peut-être voulu respecter l'anonymat de ces veuves. Rien n'est mentionné non plus dans la colonne des observations, sauf dans le cas d'une Américaine de 37 ans, Mary R., pour laquelle on a indiqué «n'est pas enceinte». Une veuve de l'État de New York, Margaret M., 32 ans, est morte des suites d'une inflammation, deux mois après son admission.

De leur côté, les 59 femmes mariées ont toutes moins de 40 ans (de 17 à 39 ans) et la majorité (38) est dans la vingtaine. Il peut s'agir d'épouses abandonnées par leur mari, ou encore de personnes vivant en concubinage qui se déclarent mariées, car cette pratique existe au XIXᵉ siècle. L'une d'elles, Mary L., a été dirigée vers la maternité par les Sœurs de l'Hôtel-Dieu. Elle est morte de fièvres avant d'avoir accouché.

Pour 12 de ces femmes mariées, comme dans le cas de plusieurs veuves, rien n'a été inscrit dans la colonne « nom de l'enfant » ou dans celle indiquant la « date de naissance de l'enfant ». Encore une fois, cela peut s'expliquer par la discrétion observée par les sœurs. On sait par contre que 48 femmes mariées ont accouché. Six mères sont mortes, dont deux en même temps que leur enfant. Un autre nouveau-né est décédé à la naissance.

Des Montréalaises et des campagnardes

Nous connaissons le lieu de résidence[4] de 2 672 des pensionnaires. La plupart, soit 2 302, déclarent habiter dans la partie est du Canada-Uni, ce qui correspond à l'actuelle province de Québec. Les autres ont inscrit comme domicile le reste du Canada, soit 193, et les États-Unis, 107. Bon nombre d'immigrantes semblent avoir plutôt indiqué leur lieu d'origine. C'est le cas de 61 Irlandaises, de 8 Européennes et de 1 Mexicaine.

Le diocèse de Montréal fournit à lui seul 2 005 pensionnaires, dont seulement 516 affirment résider à Montréal même. De la région de Québec, il en vient 131, même si deux maternités ont pignon sur rue dans la vieille capitale (l'Hospice Saint-Joseph, fondé en 1852, et la Miséricorde des Sœurs du Bon-Conseil de Québec, fondée en 1860). Quelque 62 résidentes de la ville de Québec même ont fait le voyage jusqu'à Montréal, sans doute pour accoucher dans l'anonymat.

---

4. Le registre a une colonne « domicile », mais non « lieu de naissance ». Il s'agit souvent du même. Mais ce manque de précision peut parfois créer une certaine confusion : certaines filles de la campagne venues travailler à la ville peuvent avoir donné comme domicile l'adresse de leurs parents.

De Saint-Hyacinthe et des environs, on compte 121 femmes. Dans cette cohorte, tous les villages de la vallée du Richelieu sont représentés : Belœil, Saint-Charles, Saint-Denis, Saint-Marc, etc. Mais c'est la ville de Saint-Hyacinthe qui fournit le plus grand nombre de pensionnaires, soit 44. Les deux tiers d'entre elles (30) sont venues à l'hospice après 1859. Deux sœurs de 21 et 22 ans, Mélina et Philomène P., arrivées l'une en décembre 1865, l'autre en janvier 1866, ne sont pas reparties après la naissance de leurs enfants. La première est devenue «Madeleine» et la seconde est restée comme servante. Notons que Sherbrooke, qui fait alors partie du diocèse de Saint-Hyacinthe, n'envoie que deux filles-mères.

Enfin, le grand Trois-Rivières fournit seulement 42 pensionnaires, bien qu'il soit plus près de la métropole que Québec. La plupart sont des citoyennes de petites villes comme Maskinongé, Nicolet, Baie-du-Fèvre et Sainte-Geneviève-de-Batiscan. Au registre figurent aussi quatre filles natives de Rimouski âgées de 20 à 28 ans. Tout porte à croire qu'il s'agit de jeunes femmes en service à Montréal puisque, après leurs couches, trois d'entre elles seront placées, l'une chez madame Villebois au marché Neuf, une autre chez madame B. Parker, à Griffintown, et la dernière chez monsieur Tavernier.

Sur les 2 302 pensionnaires qui ont déclaré habiter au Québec, les trois quarts (75 %) viennent de la campagne ou d'une petite ville. Les autres vivent à Montréal ou dans la ville de Québec. La province est fortement représentée. Comme nous le verrons plus loin, cela peut s'expliquer par le fait que de nombreuses jeunes femmes quittent les régions rurales pour travailler à Montréal comme servantes.

Le *Journal des pénitentes* indique que 193 femmes sont domiciliées dans le reste du Canada : 188 Ontariennes, deux citoyennes de la Nouvelle-Écosse, une du Nouveau-Brunswick, une Manitobaine et enfin une habitante des Territoires du Nord-Ouest. Cette dernière, Julia C., 22 ans, a été dirigée vers la maternité par un prêtre du séminaire de Montréal en 1860. Les sœurs ont prénommé son fils Roch, sans doute en référence aux Rocheuses. Les Ontariennes mentionnent principalement comme lieu de résidence les villes de Toronto, Ottawa, Cornwall, Gloucester et Peterborough. Sur les 188, il y a 168 catholiques et 20 protestantes.

En dehors du Canada, ce sont les États-Unis et l'Irlande qui fournissent les plus fortes cohortes de jeunes femmes. En fait, on compte 107 immigrantes américaines et 61 irlandaises. Fait à noter, l'arrivée en nombre de ces dernières à la maternité coïncide avec la vague d'immigration en provenance de la Grande-Bretagne survenue au Bas-Canada dans les années 1840, par suite de la grande famine et des épidémies de choléra et de typhus en Irlande. Des 61 Irlandaises inscrites, 32 l'ont été entre 1846 et 1850. Après, on n'en rencontre plus que deux ou trois par année. Toutes sont catholiques, à l'exception d'une protestante, Marguerite A., 30 ans, qui a accouché en mars 1865.

Quant aux 107 Américaines, la majorité est catholique, 9 d'entre elles seulement étant protestantes. Les deux tiers ont été admises à partir de 1860. On sait que l'émigration canadienne aux États-Unis s'est intensifiée au lendemain des Rébellions de 1837-1838 et à la suite de la crise économique des années 1840 qui a amené des chômeurs canadiens sans emploi à aller travailler dans les manufactures de textile de la Nouvelle-Angleterre. On aurait pu croire que ces familles auraient envoyé leurs filles enceintes au pays. Or, aucune Américaine n'a donné comme lieu de résidence les villes où se sont installés les exilés canadiens telles que Fall River, Lowell, Lawrence et Holyoke (Massachusetts), Lewiston, Waterville et Jackman (Maine), Manchester, Nashua et Berlin (New Hampshire), Woonsocket et Central Falls (Rhode Island)[5]. La plupart des pensionnaires américaines de

---

5. Bruno Ramirez, *La ruée vers le sud*, Montréal, Boréal, 2003, p. 105.

Sainte-Pélagie résident plutôt dans les états limitrophes du Québec : l'État de New York (notamment Albany et Plattsburgh), le Vermont (à Burlington) et le Massachusetts (à Boston). Le quart de ces Américaines portent un nom francophone : Courville, Godin, Rouleau, Demers, Côté, Dupont, etc. Ce sont probablement des Américaines d'origine canadienne venues accoucher clandestinement au pays de leurs ancêtres. Une seule est originaire du Sud : Ann M., 33 ans, arrive de Savannah, dans l'État de Géorgie. Elle a été recommandée à la maternité au tout début de la guerre de Sécession, en 1860, par le curé Quinn de la paroisse St Peter de la ville de New York.

Le fait que bon nombre de mères célibataires viennent de l'Ontario et des États-Unis pour cacher leur grossesse illégitime illustre bien l'ampleur du scandale qu'elles pourraient causer dans leur village, si elles devaient y accoucher.

Le fichier a également répertorié quatre Anglaises, une Allemande, une Écossaise, une Française et une Espagnole. Toutes ces Européennes sont catholiques, à l'exception d'une Anglaise de 17 ans, Emma S., qui est protestante.

PLUS DU TIERS DES PENSIONNAIRES ONT 20 ANS OU MOINS

Le Journal des pénitentes ne fournit pas l'âge de 104 des 2 701 mères célibataires (tableau 2.2). Quant aux 2 597 autres, elles ont entre 12 et 48 ans. La plus forte cohorte se situe entre 16 et 25 ans, avec 1 872 (69 %) pensionnaires. Plus du tiers (959) ont 20 ans ou moins et 47 d'entre elles n'ont pas encore 16 ans.

La cadette a 12 ans. Il s'agit d'Octavie A., une Montréalaise qui, en février 1866, a mis au monde un fils. Trois fillettes ont 13 ans : une Ontarienne de Gloucester, Lea B., et deux Québécoises, Virginie A., de Saint-Charles, et Azilda G., de Longueuil. Dix ont à peine 14 ans et trente-trois sont âgées de 15 ans. Cette base de données ne nous fournit aucun renseignement sur les circonstances entourant la grossesse de ces petites filles, mais il est fort probable qu'elles ont été victimes d'abus, peut-être même, dans certains cas, d'inceste. Malheureusement, les sources ne donnent aucune preuve en ce sens.

TABLEAU 2.2
Nombre de pensionnaires par groupes d'âge

Âge	Nombre
12 à 15 ans	47
16 à 20 ans	912
21 à 25 ans	960
26 à 30 ans	457
31 à 35 ans	125
36 à 40 ans	88
41 à 48 ans	8
inconnu	104
Total	2701

Source : ASM, *Registre des entrées et sorties de l'Hospice de Sainte-Pélagie*. Données compilées par l'auteure.

Fait intéressant, avant 1849, aucune fille de moins de 16 ans ne s'est présentée à la maternité. Au cours des années suivantes, il n'y en aura jamais plus de une, deux ou trois par année jusqu'en 1860 (sauf en 1851, où elles seront cinq, et en 1852, quatre). Au début de la décennie suivante, le nombre des filles âgées de 14 ou 15 ans augmente légèrement, oscillant entre trois et cinq par année. Quinze sont orphelines de père ou de mère. Une seule est morte à l'hospice. Il s'agit de Mathilde D., 15 ans, qui a succombé au typhus deux semaines après la naissance de son fils qui, lui, a survécu. Aucune indication n'est fournie quant à la destination de ces très jeunes mères. Une exception : Olive G., 15 ans, résidente du village agricole de Saint-Jean-Baptiste, dans le comté de Saint-Hyacinthe, a été admise au refuge pour filles en difficulté tenu par les Sœurs du Bon-Pasteur. Les pionnières de Sainte-Pélagie rapportent que, très souvent, Rosalie Jetté a placé dans ce refuge ou dans de bonnes familles montréalaises les jeunes mères originaires de la campagne, lorsque celles-ci ne pouvaient pas ou ne voulaient pas rentrer chez elles.

Par rapport à l'ensemble des filles-mères, on ne remarque pas d'augmentation significative du nombre de celles qui sont âgées de 20 ans et moins au cours de la période étudiée. Quelque 912 jeunes filles ont de 16 à 20 ans (tableau 2.3). Une seule, Helen D., une Américaine de Plattsburgh âgée de 20 ans, s'est déclarée mariée. Vingt et une des pensionnaires de ce groupe d'âge sont décédées, toutes entre 1851 et 1865. Elles sont catholiques, à l'exception de 34 protestantes. La grande majorité vient de la région montréalaise (688), dont 164 de Montréal même. Parmi elles, il y a 65 Ontariennes, soit près du tiers de toutes celles (187) qui arriveront de la province voisine pour accoucher à la maternité montréalaise. Trente-quatre ont déclaré vivre aux États-Unis et quarante et une dans le diocèse de Québec.

Chez les 21 à 25 ans, la courbe continue de monter pour atteindre 960 futures mères. Le nombre d'Américaines augmente légèrement (40), celui des Ontariennes baisse à peine (62). Cependant, les Irlandaises sont deux fois plus nombreuses que chez les 16 à 20 ans, soit 25 contre 10. La majorité est catholique, les protestantes n'étant que 26. Quinze d'entre elles mourront, dont cinq des fièvres.

Chez les 26 à 30 ans, on remarque une diminution avec 457 inscriptions. Vingt-cinq sont veuves et dix-neuf sont mariées. Quelque 318 d'entre elles ont déclaré résider dans la région métropolitaine, dont 87 à Montréal même. Elles ne sont plus que 11 protestantes. Six femmes de ce groupe sont mortes à la maternité.

TABLEAU 2.3
Admissions par années des 1 061 filles âgées de 12 à 20 ans

Année	Âge								Inconnu	Total
	12	13	14	15	16	17	18	19	20		
1845							2	1			3
1846					1	2	0	3	4	1	11
1847					3	3	5	2	8		21
1848					1	2	10	5	7	5	30
1849				1	1	4	6	6	4	3	25
1850			1		3	5	7	8	11	2	37
1851			2	3	5	3	11	3	10	5	42
1852	1		3		7	4	10	6	6		37
1853				3	3	3	9	5	6	2	31
1854				1	3	6	7	7	13	2	39
1855			1	2	5	1	11	4	6	1	31
1856	1		1	5	9	8	15	10	7		56
1857				1	6	11	9	6	9	5	47
1858			1	1	9	3	12	14	9	5	54
1859				1	5	8	12	21	8	4	59
1860			1	4	7	15	11	13	11	16	78
1861				2	6	9	13	14	18	9	72
1862			2	2	10	7	10	20	21	8	80
1863				4	15	13	23	21	26	5	107
1864			2	2	5	15	18	25	27	8	102
1865	1			2	8	8	17	28	17	8	89
1866						1	2	3	1	2	9
Total	1	3	10	33	101	135	207	234	233	104	1061

Source : ASM, *Registre des entrées et sorties de l'Hospice de Sainte-Pélagie*. Données compilées par l'auteure.

Chez les 31 à 35 ans, elles sont 125, dont à peine 5 protestantes. Toutes, à part une quarantaine, ont affirmé vivre dans la région de Montréal. Quatre mourront, dont deux des fièvres. La première, Laura F., une Montréalaise catholique de 31 ans, décède en 1855 après avoir mis au monde des jumeaux. Le bébé de la seconde, Caroline C., 33 ans, de Kingston en Ontario, est mort sans baptême en 1865.

Chez les 36 à 40 ans, il y aura 88 pensionnaires, presque toutes de Montréal ou de la région. Parmi elles, cinq sont protestantes. Trois de ces quatre-vingt-huit femmes mourront, l'une dans des circonstances nébuleuses. Il s'agit d'une résidente de Saint-Jérôme âgée de 36 ans, Emmelle N., qui est décédée à la suite d'un accident. Rien dans le fichier ou dans les mémoires des pionnières de l'œuvre n'explique l'événement. Arrivée à la maternité le 6 septembre 1864, elle meurt le 17 sans avoir accouché. Enfin, les femmes de 41 ans et plus ne sont que huit, toutes de la région de Montréal. La plus âgée, Angélique B., est servante à Montréal. À 48 ans, elle met au monde une fille. Il n'y a aucune protestante dans ce groupe d'âge.

DES CATHOLIQUES POUR LA PLUPART

La très grande majorité des filles sont catholiques. Seulement 86 des 2 701 pensionnaires sont inscrites comme protestantes. Parmi ces dernières, la plupart (55) se sont présentées à la maternité après 1860. Trois sont veuves, trois sont mariées et une dizaine sont orphelines. Aucune n'est venue accoucher une seconde fois.

À l'exception de cinq protestantes dont on ne connaît pas l'âge, les autres ont entre 16 et 39 ans. Les deux tiers ont 25 ans et moins. Près de la moitié ont donné Montréal ou la région comme lieu de résidence. C'est donc dire que ces jeunes femmes qui pour la plupart portent des noms anglophones ont préféré accoucher dans une maternité catholique – ou y ont été forcées –, alors qu'existe à Montréal la *Lying-in* affiliée à l'Université McGill. C'est dire aussi que Rosalie Jetté et ses compagnes ne refusent pas les pensionnaires appartenant à une autre confession. Parmi les filles qui viennent de l'extérieur de la ville, il y a 21 Canadiennes (dont 19 Ontariennes), 10 Américaines et 3 Irlandaises. Le *Journal des pénitentes* nous apprend en outre que 6 jeunes protestantes ont été recommandées à l'Hospice de Sainte-Pélagie par des prêtres du séminaire de Montréal. Dix-sept d'entre elles ne semblent pas avoir accouché[6] et cinq autres ont donné naissance à un enfant mort-né. Tous les nouveau-nés de mères protestantes ont été baptisés dans la religion catholique. On ne s'étonnera pas que les sœurs leur aient donné des prénoms de saints : Françoise, Monique, Guillaume, Denis, etc. La case des observations nous apprend en outre que sept pensionnaires de même confession ont été baptisées avant leur départ. Les trois jeunes protestantes qui sont mortes en couches (deux des fièvres, une de la petite vérole) l'ont été avant leur décès. Ont-elles été forcées de se convertir ? Ou était-ce un geste de reconnaissance envers les sœurs qui les avaient accueillies ? Aucun moyen de le savoir.

Par exemple, la Montréalaise Agnes C., une orpheline de 19 ans, a accouché en juin 1861. Un mois plus tard, elle reniait sa foi protestante. C'est aussi le cas de Sarah O., une Ontarienne de 20 ans qui, après un séjour de quatre mois à la maternité, s'est convertie au catholicisme. Sa compatriote Jane K. a, quant à elle, été baptisée la veille de son départ, trois semaines après son accouchement.

Il arrive même que, en plus de se convertir, une fille-mère demande à rester à l'hospice. Ainsi, une jeune Américaine protestante âgée de 16 ans, Emma R., de Pennsylvanie, a pris l'habit de « consacrée » chez les Sœurs de Miséricorde, après avoir mis au monde un fils, le 26 décembre 1863. En effet, comme les mères célibataires ayant « fauté » ne sont pas autorisées à prononcer les vœux réservés aux religieuses, on accueille au sein de la communauté sous le statut de « consacrées » celles qui veulent travailler à la maternité et sous le statut de « Madeleines », celles qui souhaitent véritablement entrer en religion.

Autre cas particulièrement bien documenté, celui de Mathilde J., une Irlandaise protestante. Inscrite sous un

---

6. Aucune explication n'est donnée, sauf dans trois cas pour lesquels la registraire a écrit : « n'est pas enceinte », « n'a pas eu besoin de l'hospice » et « sortie avant sa maladie ».

pseudonyme, cette orpheline a 16 ans lorsqu'elle accouche d'un fils, en août 1855. En décembre de la même année, elle abjure sa foi avant d'être baptisée à la maternité par Mgr Joseph Larocque. Trois ans après, elle entre au Madelon sous le nom de sœur Madeleine Pélagie. Dans son témoignage, donné au couvent de la Miséricorde le 10 novembre 1879, elle parle de l'influence de Rosalie Jetté sur sa décision : « J'étais protestante et ses bons exemples et ses bonnes prières n'ont pas peu contribué à ma conversion[7] », écrit-elle.

MÉTIER : SERVANTE

Le *Journal des pénitentes* ne donne guère de renseignements en ce qui concerne le métier des mères célibataires. En effet, sur les 2 701 admissions, on sait seulement comment 143 femmes gagnent leur vie. De ce nombre, 102 sont servantes et 3 sont domestiques[8]. Les autres travaillent comme couturières et modistes. Une seule, Azilda B., 26 ans, est institutrice à Québec.

Ce faible échantillon n'est pas représentatif de la réalité, car la registraire n'a inscrit le métier des personnes admises que pour la période allant du 1er janvier 1848 au 13 janvier 1850. L'inscription a repris en 1866, mais notre fichier s'arrête en février de cette année-là. Néanmoins, une observation attentive des données consignées pendant ces deux périodes fournit une bonne appréciation de la situation.

Sur les 163 admissions de 1848 et 1849, aucune indication n'est donnée quant au métier de 13 pensionnaires. Dans le cas de 47 autres, la registraire a inscrit « de famille » dans la case « profession ». Des 101 qui ont répondu, 84 sont des servantes, soit 83,9 %, 15 sont

---

7. Mathilde J. (sœur Madeleine Pélagie), ASM, A-11/63.
8. Pour les besoins de cette étude, les domestiques sont incluses dans la catégorie « servantes ».

couturières et 2 modistes[9]. De janvier à la mi-février 1866, 21 des 33 pensionnaires, soit 66,1 %, sont des servantes, 11 vivent dans leur famille et 1 est institutrice. Les quinze couturières sont âgées de 17 à 29 ans. La plus jeune, Julie P., vient de Rivière-du-Loup. Elle a mis au monde une fille en 1850. Une seule couturière est domiciliée hors Québec, il s'agit d'une protestante de la Nouvelle-Écosse, Jeanne D., qui a 18 ans au moment de son accouchement, en mars 1848. Aucune des jeunes femmes n'est décédée en couches, mais l'enfant de l'une d'elles est mort après avoir été ondoyé. Enfin, une Montréalaise de 22 ans, Louise B., a « déserté » après la naissance de son fils Séraphin, en octobre 1848.

Les deux modistes sont Irlandaises et protestantes. Âgées de 22 et 25 ans, elles se sont présentées à l'hospice en 1848 et sont reparties deux mois plus tard. L'aînée a accouché d'un garçon, mais on ignore tout de l'autre puisque les cases réservées au nom de l'enfant et à la date de son baptême sont restées vides.

En 1848 et 1849, les personnes en service domestique comptent pour 84 des 163 inscriptions, soit près de la moitié de toutes les femmes qui ont accouché à la maternité au cours de ces deux années. La proportion augmente vers la fin de cette période. De janvier à la mi-février 1866, 21 des 33 pensionnaires sont des servantes. C'est dire que, sur trois pensionnaires, deux travaillent comme domestique. Leur origine sociale n'est pas mentionnée, mais elles viennent probablement de milieux défavorisés, sans quoi elles n'auraient pas eu recours à l'hospice. On ne connaît pas la destination de ces mères célibataires après leur accouchement.

Une autre donnée du *Journal des pénitentes* nous apprend que 39 des 73 jeunes filles qui n'ont pas déclaré

---

9. Il semble que la registraire ait décidé de reprendre l'inscription de la profession des pensionnaires à partir de 1866, puisque au cours des deux premiers mois, on trouve 21 servantes sur 33 inscriptions dans le *Journal des pénitentes*.

de métier sont placées comme servantes dans des maisons privées après leur accouchement. En effet, dans la case réservée à la « destination de la mère », on peut lire le nom et l'adresse de leur nouvel employeur.

Des 105 pensionnaires inscrites comme servantes ou domestiques, 25 ont moins de 20 ans, 39 ont de 21 à 25 ans, 20 ont de 26 à 30 ans et 15 ont plus de 31 ans. Pour les six autres, l'information manque. La plus jeune servante, une Mascoutaine de 16 ans, est arrivée à la maternité en mars 1849 et en est partie deux mois plus tard, après avoir accouché d'une fille. Une seule, Mary W., a 17 ans, et neuf ont 18 ans. C'est dire que le quart de ces jeunes filles ont quitté leur foyer très tôt pour aller travailler en service.

Toutes catégories d'âge confondues, les servantes viennent principalement du diocèse de Montréal, avec 63 inscriptions (dont 19 de la ville même). Il y a 16 Irlandaises, 10 Mascoutaines, 7 Québécoises, 4 Ontariennes et 1 Trifluvienne. Une servante est inscrite comme Américaine et une autre comme Anglaise. Enfin, le lieu de domicile de deux femmes n'est pas indiqué.

En ces années de crise économique et de mauvaises récoltes, de nombreuses jeunes femmes de condition modeste originaires de la campagne viennent travailler à la ville. À Montréal, en 1850, sur une population de 57 715 personnes, on compte 915 travailleuses domestiques. Dix ans plus tard, sur 90 323 Montréalais, on dénombre 2 770 servantes[10]. Elles représentent la moitié des travailleuses qui, elles, constituent près de 27 % de la main-d'œuvre active totale[11]. Majoritairement dans la vingtaine, près des trois quarts résident chez leur employeur, habituellement un commerçant, un professionnel, un

---

10. Raphaëlle de Grott et Élizabeth Ouellet, *Plus que parfaites. Les aides familiales à Montréal, 1850-2000*, Montréal, Les Éditions du remue-ménage, 2001, p. 174.
11. Le collectif Clio, *L'histoire des femmes au Québec depuis quatre siècles*, Montréal, Le Jour, éditeur, 1992, p. 123.

fonctionnaire ou un rentier. Elles travaillent dur, depuis l'aurore jusqu'au coucher – allumage des feux, entretien de la maison, cuisine, jardinage, courses, soin des enfants, etc. –, pour la moitié du salaire d'un domestique masculin. À ces maigres gages s'ajoute l'insécurité. En effet, le patron peut les congédier quand bon lui semble. Du jour au lendemain, elles se retrouvent alors à la rue, sans gagne-pain ni logis[12].

Les immigrantes irlandaises comptent pour le quart de toutes les domestiques féminines au Bas-Canada. Elles sont engagées comme servantes chez les bourgeois, mais aussi dans les hôtels et dans les maisons de pension de la ville. Elles sont particulièrement vulnérables, car elles ne connaissent personne au pays et sont sans instruction[13].

À Sainte-Pélagie, la cadette, Mary W., a 17 ans. Toutes les autres sont dans la vingtaine ou la jeune trentaine. Le nombre d'Irlandaises traduit l'importance de l'immigration en provenance de ce pays. Comme la plupart de leurs compatriotes qui ont immigré, elles sont probablement originaires des régions les plus pauvres de l'Irlande, c'est-à-dire le sud et l'ouest durement frappés par la grande famine qui s'est abattue sur tout le pays. Embarquées à bord de voiliers insalubres, certaines accouchent pendant la traversée.

À l'été de 1847, on trouve dans la seule ville de Montréal 4 000 Irlandais touchés par le typhus, parfois contracté en mer. La contagion gagne bientôt la maternité. Le 27 août, une jeune mère âgée de 22 ans meurt cinq jours après avoir mis au monde un enfant mort-né. Elle était entrée à l'institution deux mois plus tôt. L'une des pionnières, Justine Filion, raconte qu'en mai 1854 ses compagnes de la maternité ont recueilli une petite

---

12. Claudette Lacelle, *Les domestiques en milieu urbain canadien au 19ᵉ siècle*, Ottawa, Environnement Parcs-Canada, 1987.
13. Robert J. Grace, « Des Irlandaises en quête de maris », *Cap-aux-Diamants*, nº 55, automne 1998.

Irlandaise née en mer. Elles l'ont immédiatement fait baptiser Mary Steamboat[14]. Toutes ces servantes viennent d'un milieu social inférieur à celui de leurs employeurs. Elles sont donc des proies faciles pour ceux-ci, qui peuvent abuser impunément de leur autorité sur elles. La situation de ces domestiques est particulièrement pathétique. En refusant les avances de leurs patrons, elles s'exposent à être congédiées. Si elles leur cèdent et tombent enceintes, elles perdent tout aussi assurément leur emploi. Théoriquement, les victimes d'agression sexuelle ont le droit de poursuivre leur agresseur en justice, mais rares sont celles qui ont les moyens de se priver de leur gagne-pain. D'ailleurs, elles ne jouissent pas de la respectabilité nécessaire pour affronter publiquement leur détrousseur.

En effet, plusieurs documents d'époque laissent voir que les servantes n'ont pas bonne réputation. Dans son *Manuel des parents chrétiens* publié en 1851, l'abbé Alexis Mailloux affirme que «cinquante pour cent des filles-mères sont d'anciennes bonnes petites filles de la campagne qui sont devenues moins bonnes en s'improvisant, du jour au lendemain, bonnes à tout faire en ville[15]». L'année suivante, alors que le pape Pie IX s'apprête à proclamer le dogme de l'Immaculée Conception, Mgr Bourget appelle à la vigilance «les jeunes filles qui se perdent», «les servantes et les couturières qui se débauchent[16]».

Notre échantillon illustre une dure réalité : cette majorité de servantes pratique un métier faiblement rétribué, ce qui laisse croire qu'elles ont peu d'instruction,

---

14. Justine Filion, *Mémoires sur l'origine et les progrès de l'établissement de Sainte-Pélagie à Montréal*, 2e partie, ASM, B-8 V1260, 19, p. 28.
15. Cité par Marie-Aimée Cliche, «Morale chrétienne et double standard sexuel. Les filles-mères à l'hôpital de la Miséricorde à Québec, 1874-1972», *Histoire sociale/Social History*, vol. 24, n° 47, mai 1991, p. 95.
16. Mandement du 28 mai 1852, extrait des *Mandements, lettres pastorales et circulaires de Mgr Ignace Bourget*, Montréal, Imprimerie Le Franc-Parleur, 1872, p. 61 et 64.

qu'elles n'ont pas le soutien de leurs familles et que, par conséquent, elles doivent gagner leur vie durement. Comment alors pourraient-elles se charger d'un enfant? La situation est préoccupante, mais les solutions mises de l'avant s'avèrent insatisfaisantes. Les premières personnes à se soucier du sort réservé aux servantes congédiées sont les Dames de la Charité. En 1829, ces bienfaitrices laïques ont créé un « Bureau d'enregistrement pour les filles qui vont en service ». Faute de moyens, trois ans plus tard, il fermait ses portes. En 1842, Mgr Bourget convainc mère Émilie Gamelin d'organiser un service de placement destiné aux jeunes filles sans emploi. Puis, en 1846, les Sœurs de la Providence dressent une liste des employeurs potentiels[17]. Quant aux immigrantes irlandaises en chômage, elles devront attendre 1849 pour avoir droit à l'assistance d'une religieuse mandatée par les sulpiciens afin de leur procurer le nécessaire. On leur fournira aussi une salle à l'Hôpital général des Sœurs grises. D'autres initiatives de ce genre apparaissent et disparaissent, mais le problème demeure entier.

LE SPECTRE DE LA PROSTITUTION

Or, ce problème en engendre un autre dont les Sœurs de Miséricorde ne parlent guère, bien qu'elles évoquent sobrement cette réalité : les autorités agitent le spectre de la prostitution. Elles n'ont pas tort, croit l'historienne Claudette Lacelle :

> Il est généralement admis que la servante fut, plus que tout (*sic*) autre personne, exposée à recourir à la prostitution à un moment ou l'autre de sa vie. Certaines étaient victimes des machinations d'agences de placement à leur arrivée à la ville ; d'autres étaient violées par leur maître ou ses proches, et congédiées si elles devenaient enceintes ; certaines, enfin, n'avaient

---

17. Huguette Lapointe-Roy, *Charité bien ordonnée : le premier réseau de lutte contre la pauvreté à Montréal au 19e siècle*, Montréal, Boréal, 1987, p. 221-222.

pas d'autres recours, si elles étaient longtemps sans travail, puisqu'on estime qu'une servante pouvait dépenser jusqu'à quatre mois d'économies pour survivre à une semaine de chômage. Partout, on estime que le groupe de prostituées dans une ville était constitué pour la moitié de domestiques ou d'anciennes domestiques[18].

D'ailleurs, l'Hospice de Sainte-Pélagie, qui, depuis 1851, a pignon sur la rue Saint-André, au coin de la rue Lagauchetière, voisine avec trois maisons closes. «Ainsi, raconte Justine Filion, notre Seigneur était dans un coin et le diable était dans l'autre.» Un soir, un homme entre et s'adresse à Rosalie Jetté, «comme s'il eut pris la maison pour une maison de débauche[19]». Et d'ajouter : «Les sœurs étaient considérées comme des personnes tombées en faute.» Ce genre d'incidents se produit couramment : «On nous a dit en notre présence que nous étions des putins voilà leur terme[20]», écrit encore Justine Filion.

À Montréal, on tolère les bordels pour assouvir les besoins sexuels des hommes célibataires, mais on arrête pêle-mêle les vagabondes, les femmes en état d'ébriété et les prostituées qui traînent dans les rues. À la prison de Montréal, un établissement vétuste et surpeuplé où se concentre la petite criminalité – les grands criminels sont internés à Kingston, en Ontario –, elles ont à tout le moins un toit. À partir de 1843, l'augmentation de la population carcérale est d'ailleurs due en partie à la hausse considérable du nombre de prisonnières[21]. Neuf ans plus tard, en 1852, un rapport sur l'état des prisons au Bas-Canada rédigé par le docteur Wolfred Nelson, éminent médecin montréalais, indique que les femmes forment 47 % de tous les prisonniers de Montréal. Bon nombre y sont hébergées simplement parce qu'elles sont sans asile et

---

18. Claudette Lacelle, *op. cit.*, p. 169.
19. Justine Filion, *op. cit.*, p. 53-64.
20. *Ibid.*, p. 73.
21. Jean-Marie Fecteau, *La liberté du pauvre. Crime et pauvreté au XIXe siècle québécois*, Montréal, VLB éditeur, 2004, p. 174.

sans ressources[22]. Parmi elles, les femmes enceintes sont si nombreuses que le médecin de cet établissement déclare que la prison de Montréal est improprement nommée : « [...] on pourrait presque l'appeler une maternité, tant sont nombreuses les femmes enceintes qui y viennent, qui y font leurs couches[23]. »

La situation est dramatique et Mgr Bourget demande aux Sœurs de Miséricorde d'aller visiter les prisonnières. À partir du 12 juillet 1848, deux religieuses vont chaque dimanche « passer la journée avec les filles de mauvaise vie renfermées dans les prisons de cette ville[24] ». Elles leur apportent de petites provisions et les encouragent à mener une vie meilleure. Bien que la voiture du séminaire les conduise au Pied-du-Courant et les en ramène, ces sorties représentent une surcharge de travail et le service cesse quelques années après. Les Sœurs de la Providence prendront alors la relève.

Par la suite, les « filles de mauvaise vie » qui tombent enceintes seront acheminées à l'Hospice de Sainte-Pélagie. Ainsi, en 1854, la police y envoie une jeune Irlandaise de 20 ans, Mary H., qui y accouche d'un petit garçon. *Le Journal des pénitentes* indique en outre que l'aumônier des prisons de Montréal, messire Villeneuve, a lui-même recommandé 85 filles à la maternité.

Plusieurs témoignages des Sœurs de Miséricorde donnent à penser que l'hospice sert de refuge aux délinquantes. Un jour, une des pensionnaires se montre furieuse, brisant, cassant et volant des objets. Mgr Bourget conseille aux religieuses de la renvoyer en prison, ce qu'elles font, mais elles la reprennent peu après afin qu'elle puisse accoucher à la maternité[25]. Une jeune fille de Saint-Thomas, Émilie C., 18 ans, y est restée pendant un an après

---

22. Raymond Boyer, *Les crimes et les châtiments au Canada français*, Montréal, Cercle du livre de France, 1966, p. 477, 482, cité dans *L'histoire des femmes, op. cit.*, p. 233.
23. *Ibid.*
24. *Délibérations 1848-1900*, ASM, RJ-1 V1450, 25 f. 6v.
25. Avélina Paquin, *Origine de l'hospice*, ASM, J-1.1/I, p. 69.

ses couches. Elle songe à prononcer des vœux, mais les sœurs refusent de la garder, car elle a déjà été reconnue coupable de vol. Elles demandent plutôt à ses parents de venir la chercher[26].

DES PAROISSIENNES ENVOYÉES PAR LEUR CURÉ

Les 333 filles ou femmes qui ont fourni une référence à leur arrivée à la maternité ont indiqué le nom d'un membre du clergé ou d'une communauté religieuse, à l'exception d'une Irlandaise de 20 ans, Mary H., escortée chez les sœurs par la police, en 1854. De ce nombre, 169 sont orphelines de père ou de leurs deux parents. Avant 1852, cette information n'apparaît pas au fichier.

Entre 1852 et 1866, M. Léon Villeneuve, sulpicien, a envoyé à lui seul à la maternité près du tiers (94) de ces 333 filles, la plupart ayant donné la région de Montréal comme lieu de résidence. Ce sulpicien français arrivé au Bas-Canada en 1838 est alors l'aumônier des prisons et de certains hôpitaux, ce qui l'amène à rencontrer régulièrement des personnes en difficulté. Lui qui avait une piètre opinion de la maternité («J'avais horreur de cette maison et quand je passais auprès, je détournais la tête[27]», avouera-t-il plus tard), il a fini par vaincre ses réticences et est devenu le confesseur des pensionnaires. Avélina Paquin raconte qu'il s'est fait l'ardent défenseur de l'œuvre contre ses détracteurs et qu'il la soutenait financièrement au moyen de la caisse de charité de Saint-Sulpice. De plus, il donnait de sa poche deux dollars pour chacune des filles qui ne pouvait pas payer le montant de sa pension[28].

Les prêtres du séminaire de Montréal, attaché à l'église Notre-Dame, ont également dirigé beaucoup de femmes enceintes vers l'hospice, tout comme les curés

---

26. *Ibid.*, p. 62.
27. *Ibid.*, deuxième cahier, p. 1.
28. J. B. A. Allaire, *Dictionnaire biographique du clergé canadien-français*, Montréal, Imprimerie de l'École catholique des sourds-muets, vol. I, p. 538; Avélina Paquin, *op. cit.*, p. 96.

de nombreuses paroisses de Montréal et des environs. Ainsi, le curé de Rigaud, messire Désautel, a payé la pension de Mélanie S., 18 ans, pendant les deux mois de son séjour. Mgr Bourget de Montréal, Mgr Jean-Charles Prince de Saint-Hyacinthe ainsi que les évêques de Kingston et de Burlington en ont recommandé une vingtaine. Une dizaine d'autres tout au plus ont donné comme référence les Sœurs grises, les religieuses du Bon-Pasteur et les Sœurs de la Providence.

L'historien Serge Gagnon a étudié la correspondance des prêtres de paroisse et a noté l'attitude pour le moins discutable de certains membres du clergé bas-canadien en ce qui a trait aux mères célibataires. Il constate en effet que des vicaires et même des évêques ont prêté leur concours pour empêcher le mariage de jeunes filles de basse extraction enceintes des œuvres de fils de bonne famille. Il cite aussi l'exemple de curés qui se sont faits les complices de l'inceste en refusant de dénoncer le père coupable et relève le cas d'un évêque enclin à présumer de l'innocence d'un homme marié « qui a attenté à la pudeur » d'une fillette de 11 ans[29]. Voilà qui pourrait expliquer en partie pourquoi bon nombre de filles-mères se réfugiaient dans la métropole pour accoucher loin des regards.

Naissances : autant de filles que de garçons

Des 2 282 nouveau-nés inscrits au registre, dont 22 jumeaux, les garçons et les filles figurent à parts égales d'après un calcul effectué à partir du *Journal des pénitentes*. Cependant, dans certains cas, il est impossible d'affirmer avec certitude le sexe des enfants, car leurs prénoms sont trompeurs, à cause notamment des « M » pour Marie et des « J » pour Joseph qui les précèdent. Comment savoir si M. Vincent est un garçon et J. Anne ou J. Véronique une fille ?

---

29. Serge Gagnon, *Plaisir d'amour et crainte de Dieu. Sexualité et confession au Bas-Canada*, Sainte-Foy, Les Presses de l'Université Laval, 1990, p. 130 et 148.

D'autres prénoms donnent à croire que la registraire a mal compris le nom qu'on lui a demandé d'inscrire ou qu'elle l'a mal écrit. C'est le cas des mots Thaumaturge, Castule, Malcédoine et Throphine. M. Sirène est-elle une fille? Et M. Népomucène? Enfin, certaines notes prêtent à confusion. Ainsi, à côté d'un Victor, on a écrit «fille ondoyée».

Chez les nouveau-nés, il y aura 114 décès, ainsi que l'indique le tableau 2.4. C'est très peu, compte tenu de la mortalité infantile au milieu du XIXe siècle. Comme on le voit, par rapport aux naissances, celle-ci va ni en augmentant ni en décroissant. Elle paraît plus élevée entre 1848 et 1851, années où jusqu'à 10% des nourrissons meurent, mais elle se maintient ensuite entre zéro et 6%, à l'exception de 1860 où elle atteint 8,14%. La cause de la mort n'est pas inscrite au fichier, les seules mentions étant «mort-né» ou «ondoyé» à la place du prénom. Si la mère de l'enfant est également décédée, cela nous fournit un indice puisque la case «genre de maladie» nous révèle le mal qui l'a emportée.

Entre 1847 et 1865, sept nouveau-nés sont morts le même jour que leur mère, la plupart du temps des fièvres. Les autres, atteints du typhus ou des fièvres, ont survécu de un à cinq jours.

Le sort des nourrissons qui voient le jour à l'hospice est pour ainsi dire décidé avant leur naissance. Sitôt né, on remet le bébé à la crèche des Sœurs grises où sont placés les enfants abandonnés. À cause de leur situation financière critique et des préjugés de la société, la majorité des pensionnaires repartent sans leur nouveau-né. Celles qui le gardent sont stigmatisées, leurs enfants aussi: mépris, rejet, exploitation sont leur lot…

Selon l'historien Peter Gossage, l'abandon, en dépit de sa difficulté, s'avérait alors l'option la moins dure pour la plupart des mères célibataires. Il s'en explique: «Hors d'une unité familiale, elles auraient eu beaucoup de misère à trouver les moyens économiques nécessaires pour élever un enfant. Et même si elles avaient eu le courage d'essayer, elles auraient subi le genre de pressions idéologiques et sociales qui font des mères célibataires les héroïnes les plus tragiques de la littérature du 19ᵉ siècle[30]. »

TABLEAU 2.4
Naissances et décès des enfants à la maternité (1845-1866)

Année	Naissances	Mortalité	Pourcentage
1845	7	1	14,3
1846	40	1	2,5
1847	45	1	2,2
1848	75	8	10,7
1849	63	6	9,5
1850	76	7	9,2
1851	82	8	9,8
1852	79	4	5,1
1853	85	0	0
1854	93	0	0
1855	82	4	4,9
1856	115	5	4,3
1857	103	2	1,9
1858	115	3	2,6
1859	125	7	5,6
1860	135	11	8,1
1861	143	3	2,1
1862	175	10	5,7
1863	201	13	6,5
1864	195	8	4,1
1865	216	12	5,6
1866	32	0	0
Total	2 282	114	

Source : ASM, *Registre des entrées et sorties de l'Hospice de Sainte-Pélagie*. Données compilées par l'auteure.

---

30. Peter Gossage, « Les enfants abandonnés à Montréal au 19ᵉ siècle : la crèche d'Youville des Sœurs Grises, 1820-1871 », *Revue d'histoire de l'Amérique française*, vol. 40, n° 4, printemps 1987, p. 541.

Les rares enfants légitimes sont traités différemment. Leurs mères sont autorisées à les garder auprès d'elles. Mais si l'une a menti sur son statut matrimonial, tôt ou tard elle est forcée de confier son petit aux Sœurs grises. La chose est arrivée à une pénitente qui se prétendait mariée, alors qu'elle ne l'était pas. Lorsqu'elle tomba malade, elle demanda à voir le confesseur à qui elle avoua son mensonge. Son enfant fut immédiatement conduit à la crèche[31].

Il est intéressant de noter qu'en France, à la fin du XVIIIe et au début du XIXe siècle, les autorités encouragent les mères naturelles à allaiter leur nourrisson pendant qu'elles se rétablissent. Cette expérience a été un échec[32]. Contraintes tôt ou tard à abandonner leur enfant, car elles n'ont pas les moyens de le garder, et parce qu'elles se trouvent dans un état de délabrement physique ou psychologique, les mères ne souhaitent pas ce contact avec leur nouveau-né, de peur de s'attacher et de rendre la séparation plus cruelle encore. Au Bas-Canada, on ne leur demande pas d'allaiter leur enfant avant de le confier aux Sœurs grises.

Dans 419 cas, la case «nom de l'enfant» ne fournit aucun renseignement. La mère occupe probablement une chambre privée. On aura appliqué une plus grande discrétion, en accord avec la règle. Il peut aussi s'agir d'enfants qui sont repartis avec leur mère et on aura préféré ne pas les enregistrer comme illégitimes.

Séjour de un à six mois

Dans la moitié des cas, les filles-mères demeurent à la maternité de un à deux mois, et ce, durant toute la période étudiée. Selon une étude effectuée par les Sœurs de Miséricorde (tableau 2.5), près de 15 % de toutes

---

31. Avélina Paquin, *Notes sur la vie de Rosalie Cadron, en religion Sœur de la Nativité, fondatrice des Sœurs de Miséricorde*, ASM, J-1.1, p. 95.
32. Scarlett Beauvalet-Boutouyrie, *Naître à l'hôpital au XIXe siècle*, Paris, Belin, 1999, p. 75.

leurs pensionnaires ayant accouché entre l'ouverture de l'hospice en 1845 et la mort de Rosalie Jetté en 1864 (donc à l'exception des années 1865 et 1866) y sont restées moins d'un mois, alors qu'un cinquième y ont passé trois ou quatre mois. Une vingtaine y sont toujours sept mois après leur accouchement et 20 autres y ont élu domicile comme servantes.

TABLEAU 2.5
Durée du séjour des 2 244 femmes admises
entre 1845 et 1864

Durée (mois)	Nombre de filles
0-1	331
1-2	1 114
3-4	478
5-6	113
7 et plus	20
Ne partent pas	13
On ne sait pas	175
Total	2 244

Source : *Synthèse chronologique du dossier de Rosalie Cadron-Jetté dite mère de la Nativité*, tableau n° 5.

La durée du séjour ne varie pas beaucoup dans le temps. Chaque année, la moitié des femmes séjourne à la maternité de un à deux mois. Les années 1859 et 1860 font exception : le séjour a tendance à être raccourci. Le nombre total de pensionnaires augmente sensiblement au cours de ces deux années. Les sœurs sont probablement débordées et les places viennent à manquer. La moyenne habituelle se rétablit dès 1861.

Sans qu'on puisse en déterminer la raison exacte, certaines pensionnaires ne semblent pas trop pressées de quitter l'hospice après leurs couches. On peut supposer que Sainte-Pélagie constitue un refuge qui leur procure la sécurité et peut-être même un certain répit. En effet, plus du quart d'entre elles (624) séjournent à la maternité pendant trois mois et plus, même si les conditions de vie y sont difficiles, voire misérables. Treize ont choisi d'y rester en permanence. Tout indique que ces femmes s'estiment suffisamment bien traitées pour vouloir y prolonger leurs relevailles. Elles auraient trouvé là une famille de remplacement, à moins qu'elles n'aient nulle part où aller. Dans les deux cas, il est évident que les sœurs ne les mettent pas à la porte.

D'ailleurs, le règlement est clair : chaque fille admise devra séjourner à l'hospice autant de temps qu'il sera jugé nécessaire par les maîtresses. « On retiendra celles que l'on croira avoir encore besoin d'instruction et d'exercices réguliers pour leur affermissement. On placera celles dont les lumières, la conduite et les bons sentiments seront une garantie suffisante de leur persévérance dans le monde. » De plus, les pénitentes ne seront pas autorisées à quitter les lieux avant d'avoir fait « une retraite de huit jours pour les affermir dans leurs bons sentiments et les fortifier contre les dangers du monde[33] ».

L'INFLUENCE DES SAISONS

L'analyse du mouvement saisonnier des naissances confirme l'hypothèse voulant que celles-ci augmentent à la fin de l'hiver et au début du printemps, ce qui place la conception de l'enfant au cours de la belle saison. Le tableau 2.6 montre que plus d'enfants naissent pendant les mois d'avril et de mai. Ceux-ci ont donc été conçus en juillet et août. Les naissances sont également assez nombreuses en février et mars, ce qui situe la conception en mai et en juin.

Ces résultats correspondent à ceux obtenus par l'historienne Marie-Aimée Cliche qui a tracé le profil des mères célibataires dans les maisons du Bon-Pasteur de

---

33. *Règlement des filles de l'asile de Sainte-Pélagie*, chapitre troisième, « De la sortie », p. 24-30, ASM, B-8 V1260, 18.

Québec. Les registres d'accouchement qu'elle a étudiés révèlent que la conception de la majorité des enfants a eu lieu pendant les trois mois de l'été[34]. Les historiens Réal Bates et Lyne Paquette sont arrivés à la même conclusion pour le XVIIIe siècle. Alors que les naissances légitimes ne fluctuent que légèrement de mois en mois, il y a une légère remontée en mars et avril[35].

TABLEAU 2.6
Fréquence des naissances mensuelles à Sainte-Pélagie
(1845-1866)

Mois	Nombre
Janvier	137
Février	186
Mars	181
Avril	218
Mai	205
Juin	167
Juillet	171
Août	138
Septembre	160
Octobre	154
Novembre	167
Décembre	142
N.d.	675
Total	2701

Source : ASM, *Registre des entrées et sorties de l'Hospice de Sainte-Pélagie*. Données compilées par l'auteure.

Où vont les mères après l'accouchement ?

Le *Journal des pénitentes* nous renseigne sur le lieu de destination de 68 femmes après leur accouchement.

---

34. Marie-Aimée Cliche, « Morale chrétienne et double standard sexuel », *op. cit.*, p. 92.
35. Réal Bates et Lyne Paquette, « Naissances illégitimes sur les rives du Saint-Laurent avant 1730 », *Revue d'histoire de l'Amérique française*, vol. 40, n° 2, automne 1986, p. 246.

L'échantillon est faible, l'information n'ayant été notée systématiquement que de 1846 à 1848 et sporadiquement par la suite. Il mérite néanmoins qu'on s'y arrête. En effet, à leur sortie, 36 d'entre elles ont été placées comme servantes chez des Montréalais dont les noms et adresses sont mentionnés, 17 sont retournées chez leurs parents et 15 ont été confiées au refuge pour jeunes filles en difficulté tenu par les Sœurs du Bon-Pasteur ou à celui de mademoiselle Bissonnette. Deux sont rentrées en Irlande, une est partie vivre chez une amie et les deux dernières ont trouvé un emploi à Montréal, l'une au marché Neuf, l'autre au marché Sainte-Anne.

Les Sœurs de Miséricorde ont gardé contact avec plusieurs de leurs ex-pensionnaires. Elles rendent visite à celles qu'elles ont placées comme servantes pour s'assurer qu'elles persévèrent dans le droit chemin. Adélaïde Lauzon se rappelle que, faute de pouvoir les garder chez elle, Rosalie Jetté conduisait au refuge des Sœurs du Bon-Pasteur des pensionnaires qui souhaitaient se consacrer à l'œuvre et qu'elle retournait ensuite les visiter. «Elle leur portait de petits présents, fruits de ses privations[36]», écrit-elle.

Il arriva aussi à un curé de s'arrêter à la maternité pour donner aux religieuses des nouvelles d'une ex-pénitente qui édifiait désormais sa paroisse. Il leur confia alors que les bons exemples de leur protégée «avaient amplement réparé sa faute passée[37]». Les sœurs se félicitèrent d'avoir opéré cette conversion.

Plutôt deux fois qu'une

Certaines filles et femmes effectuent deux séjours à la maternité, bien qu'il soit difficile de savoir exactement

---

36. Adélaïde Lauzon (sœur Sainte-Marie-d'Égypte), ASM, A-11/16. Ces pensionnaires voulaient demeurer à Sainte-Pélagie pour se consacrer à l'œuvre, mais, faute de places, Rosalie les confia aux Sœurs du Bon-Pasteur.
37. *Ibid.*

combien ont été dans ce cas-là, car le registre n'indique pas le nombre d'enfants qu'elles ont eus. Nous avons cependant pu retrouver une soixantaine de pensionnaires ayant accouché deux fois. La plupart du temps âgées de 30 ans ou moins, elles ont mis leurs enfants au monde à intervalle de deux ou trois ans. C'est le cas de Josephte D., qui est venue accoucher une première fois à 18 ans et une seconde à 20 ans. Félicité D. a fait de même à 23 et à 25 ans.

Il faut toutefois se montrer prudent dans l'interprétation de ces résultats, car le nom des parents de ces pensionnaires n'est pas toujours mentionné et il se peut que deux personnes portent les mêmes nom et prénom. Dans certains cas, l'entrée est manifestement erronée. Ainsi, d'après le registre, Philomène B. de Montréal aurait séjourné une première fois à la maternité sans y accoucher à 18 ans, en 1861. La seconde fois, en 1863, elle aurait donné naissance à un petit garçon. Mais alors, la registraire a indiqué qu'elle avait 29 ans.

Il y a également une certaine confusion dans le cas d'Édesse B., de Saint-Martin, dans le diocèse de Montréal. À première vue, ses trois fiches d'inscription portent à croire qu'elle s'est présentée trois fois à la maternité. En réalité, une observation attentive des données démontre plutôt qu'elle y a accouché deux fois, la première à 14 ans, en 1850, et la seconde à 16 ans, en 1852.

Une autre pensionnaire est présumée avoir séjourné à la maternité à trois reprises. En effet, Joséphine D., de Champlain, dans le diocèse de Trois-Rivières, a 21 ans lorsqu'elle accouche en 1859. Elle est à nouveau inscrite en 1861. Elle a alors 23 ans, mais ne semble pas avoir donné naissance à un enfant. Puis, à 25 ans, lors de son troisième séjour, en 1863, elle a un second fils.

Parfois, on retrouve deux membres de la même famille. Vitaline D., 30 ans, une Américaine d'Island Pond, a donné naissance à deux garçons à la maternité, l'un en janvier 1863, l'autre en mai 1864. Lors de son premier séjour, elle y a croisé sa sœur Virginie, 21 ans, qui venait d'accoucher d'un garçon, le 1er février 1863.

Quatre sœurs, Marie-Anne, Salomée, Phébé et Marie, dont les parents sont décédés, ont respectivement 23, 37, 18 et 28 ans lorsqu'elles accouchent à Sainte-Pélagie.

LES CIRCONSTANCES DE LA GROSSESSE

Tour à tour, les historiens et les sociologues ont avancé diverses causes pour expliquer les grossesses hors mariage et les naissances illégitimes : inceste, relations sexuelles acceptées – souvent dans l'espoir d'obtenir une demande en mariage –, relations sexuelles abusives avec un employeur ou un parent et prostitution. *Le Journal des pénitentes* ne fournit aucune indication permettant de départager ces causes. Il ne nous renseigne pas non plus sur les circonstances ayant forcé les filles à se réfugier à Sainte-Pélagie. Rosalie Jetté et ses compagnes ont d'ailleurs reçu des directives très strictes de Mgr Bourget à ce sujet : « [...] il faudra éviter soigneusement de parler tant formellement qu'implicitement du péché qui est la cause de leur déshonneur[38]. »

Un constat s'impose d'emblée lorsqu'on analyse les informations recueillies dans le *Journal des pénitentes*, et c'est l'extrême jeunesse des mères célibataires. En effet, près des trois quarts d'entre elles (71 %) ont entre 12 et 25 ans. On peut présumer que les 47 jeunes filles âgées de 12 à 15 ans à peine qui ont accouché à Sainte-Pélagie ont été victimes d'inceste ou d'agression sexuelle.

L'histoire sociale fournit quelques pistes de réflexion. Ainsi, grâce aux archives judiciaires du Régime français, Marie-Aimée Cliche a pu retrouver les filles-mères dont

---

38. « *Règlements pour les personnes qui se sont offertes à Dieu pour conduire l'œuvre de l'Hospice de Sainte-Pélagie érigé à Montréal* ». Cette règle a été écrite par l'abbé Antoine Rey, premier directeur, sous la direction de Mgr Bourget, à l'intention des Dames de Charité de Sainte-Pélagie, le 26 juillet 1846. L'original est conservé aux ASM.

la cause a été portée devant les tribunaux[39]. Selon elle, la société faisait peser sur les hommes plus que sur les femmes la responsabilité d'une naissance hors mariage. Sur les 69 procès dont elle a pu lire les comptes rendus, l'accusé est condamné à payer la gésine dans 31 cas et à dédommager la fille 41 fois. Le séducteur a alors le choix entre s'exécuter ou épouser celle qu'il a engrossée. Toutefois, les jeunes filles à qui la rumeur publique attribue plus d'un amant ou qui en sont à leur deuxième grossesse illégitime n'obtiendront rien du tout. L'historienne a constaté aussi que, pour un jeune homme, les prouesses sexuelles n'ont rien de déshonorant, au contraire[40].

À partir de la deuxième moitié du XIXe siècle, note-t-elle encore, une interprétation plus restrictive du Code civil aurait fait retomber sur les filles tout le poids des maternités hors mariage. Celles qui ont la chance de poursuivre le géniteur en justice jouissent parfois de la sympathie du juge. Mais, la plupart étant d'origine modeste, elles n'ont pas les moyens d'intenter un procès coûteux.

Les hospices tenus par des religieuses voient alors le jour pour répondre aux besoins de ces infortunées. Cela permet aux futures mères d'accoucher dans la clandestinité et de repartir sans leur enfant confié à un orphelinat. Aux yeux de la société, elles sont les seules responsables de leur état, quelles que soient les circonstances de leur grossesse. Les pères, quant à eux, s'en tirent blancs comme neige.

---

39. Marie-Aimée Cliche, «Filles-mères, familles et société sous le Régime français», *Histoire sociale/Social History*, vol. XXI, n° 41, mai 1988, p. 39-71; «Les filles-mères devant les tribunaux de Québec, 1850-1969», *Recherches sociographiques*, 1991, vol. 52, n° 1, p. 9-42; «Un secret bien gardé, l'inceste dans la société traditionnelle québécoise, 1858-1938», *Revue d'histoire de l'Amérique française*, vol. 50, n° 2, automne 1996, p. 221-225; «Morale chrétienne et double standard sexuel», *op. cit.*, p. 85-126.
40. Marie-Aimée Cliche, «Grossesse oblige! Les abus sexuels aux XVIIe et XVIIIe siècles», *Cap-aux-Diamants*, printemps 1990, n° 21, p. 59.

MÉPRIS ET HONTE

Si le *Journal des pénitentes* reste muet quant aux circonstances entourant la grossesse des filles-mères et la naissance illégitime de leurs enfants, en revanche, il ressort clairement des documents archivistiques – mémoires des sœurs, directives des aumôniers, écrits de l'évêque de Montréal – que bon nombre de familles et de personnes dans l'entourage de la maternité font bel et bien porter aux pensionnaires toute la responsabilité de leur état. La société blâme aussi les religieuses qui s'occupent d'elles. Le biographe de Mgr Bourget, Léon Pouliot, l'affirme sans détour : « Des laïcs pieux et charitables, voire des hommes d'Église regardaient comme un encouragement au vice tout effort organisé pour le relèvement des filles tombées. Celles-ci semblaient exclues de la charité chrétienne, on n'avait pour elles que sarcasmes et mépris [...][41]. »

Avélina Paquin se souvient d'une pénitente, Agathe, morte de consomption le 10 juin 1856. Voici ce qu'elle écrit à son sujet : « Elle eut beaucoup à souffrir de l'ennui de la part de sa famille, qui ne pouvait lui pardonner de s'être ainsi trompée et l'accablait de reproches[42]. »

La honte, les filles-mères la ressentent quotidiennement. À partir de 1851, les sœurs donnent des pseudonymes à leurs pensionnaires pour éviter que leur identité ne soit dévoilée par une autre fille ou par un étudiant en médecine venu les assister. « C'est une bonne manière de cacher leur véritable nom et de mettre ainsi à couvert leur réputation[43] », écrit encore Avélina Paquin. Plusieurs jeunes filles dissimulent leur grossesse à leurs parents pour échapper aux blâmes. Elles font croire à leurs proches qu'elles viennent à Montréal pour se faire religieuses. Après leurs relevailles, elles rentrent à la maison comme si de rien n'était.

---

41. Léon Pouliot, *Monseigneur Bourget et son temps*, Montréal, Éditions Bellarmin, 1972, tome III, p. 65.
42. Avélina Paquin, *Notes sur la vie de Rosalie Cadron*, *op. cit.*, p. 90-91.
43. *Ibid.*, p. 69.

Dès que quelqu'un frappe à la porte de la maternité, que ce soit un fournisseur ou un visiteur, les pensionnaires courent se cacher au grenier pour éviter d'être reconnues. Lucie Lecourtois commente : « Elles partaient si vite qu'on aurait dit que leurs chaises tombaient par terre il se faisait un tel fracas qu'on aurait dit que quelqu'un s'égorgeait dans la maison[44]. » Les jours de déménagement d'une maison à l'autre – il y en eut quatre –, les charretiers emmènent les pensionnaires par petits groupes pour ne pas attirer l'attention. Il arrive même qu'on déménage la nuit afin de ne pas les exposer aux regards des curieux.

Le premier biographe de Rosalie Jetté, l'abbé Pierre-Auguste Fournet, rapporte des incidents qui se sont déroulés au milieu des années 1860, alors que la maternité est installée rue Campeau (aujourd'hui Saint-André) :

> Parfois il fallait traverser la rue pour aller aux offices religieux de la communauté ; et une curiosité indiscrète, malsaine, bestiale même, assemblait sur le passage deux haies d'hommes aux regards sardoniques et impudents, aux paroles malsonnantes et sarcastiques. Le visage caché derrière un voile d'étoffe, les épaules enveloppées d'un large mantelet, les malheureuses pénitentes essuyaient sans se plaindre cette averse d'œillades et de quolibets injurieux[45].

Avélina Paquin ajoute quelques précisions de son cru : « Les pénitentes se mettaient un voile brun devant la figure pour ne pas être reconnues et elles avaient aussi de grands mantelets rouges, ce qui fesait un étrange spectacle. » En outre, elle évoque les moqueries dont elles sont l'objet pendant les douleurs de l'enfantement : « Ensuite, les lamentations des malades pouvaient être

---

44. Lucie Lecourtois, ASM, A-4, 1/6, p. 2.
45. Pierre-Auguste Fournet, p.s.s., *Mère de la Nativité et les origines des Sœurs de Miséricorde (1848-1898)*, Montréal, Imprimerie des sourds-muets, 1898, p. 113.

facilement entendues dans la rue, et quelques jeunes gens se permettaient quelque fois de les contrefaire[46]. »

Outre les assauts venus de l'extérieur, il y a ceux, plus insidieux parce qu'empreints d'une morale culpabilisante, qui se manifestent entre les quatre murs de la maternité, comme nous le verrons au prochain chapitre.

---

46. Avélina Paquin, *Notes sur la vie de Rosalie Cadron*, op. cit., p. 93.

CHAPITRE III

LA TUTELLE RELIGIEUSE

Pour saisir l'esprit qui règne à l'Hospice de Sainte-Pélagie, il faut d'abord examiner le rôle extrêmement sévère et contrôlant joué par l'évêque de Montréal dans la consolidation de l'œuvre.

En effet, après des débuts difficiles, l'Hospice de Sainte-Pélagie a pris son envol sous l'égide de Rosalie Jetté et de ses premières compagnes. Sa maison est rapidement devenue le refuge obligé des filles-mères de la région montréalaise. Un climat familial s'y est instauré, et Mgr Ignace Bourget veille au grain sans trop s'immiscer dans les affaires de la maternité. Mais voilà qu'à l'été de 1846 il décide de prendre les choses en main. Dès lors, non seulement dirige-t-il la vie spirituelle des pensionnaires et de leurs soignantes, mais il se charge aussi de l'organisation de leur quotidien jusque dans ses moindres détails.

Mgr Bourget pose alors les bases d'une communauté religieuse chargée de porter secours aux filles enceintes hors mariage et dont il assumera lui-même la direction. Son mandement d'institution signé le 16 janvier 1848 ne laisse place à aucune ambiguïté quant à ses intentions : « Nous mettons le nouvel institut des Sœurs de Miséricorde sous notre entière dépendance et celle de Nos successeurs Évêques[1]. »

D'Émilie Gamelin à Rosalie Jetté

Ce geste de l'évêque de Montréal n'a rien de surprenant. Les historiennes du collectif Clio affirment

---
1. Ignace Bourget, ASM, A-2/26.

qu'à cette époque une vingtaine de nouvelles congrégations religieuses ont été placées sous sa dépendance et sa juridiction. La supérieure de la communauté doit rendre des comptes à l'évêque ou à son représentant[2].

Auparavant, Mgr Bourget avait procédé exactement de la même façon pour diriger l'Asile de la Providence fondé par Émilie Gamelin. L'histoire de cette institution ressemble à s'y méprendre à celle de Rosalie Jetté. Une fois veuve, en 1827, Émilie Gamelin[3] visite les pauvres du faubourg Saint-Laurent. Peu après, elle commence à recueillir chez elle les personnes âgées et malades. Sa demeure devenue trop petite, il lui faut bientôt trouver un bâtiment plus spacieux, puis un autre. Finalement, Antoine-Olivier Berthelet, bienfaiteur montréalais, lui offrira la maison jaune qui s'appellera Maison de la Providence.

Là où la veuve Jetté est blâmée parce qu'elle s'occupe des « filles tombées dans le vice », Émilie Gamelin est ridiculisée parce qu'elle donne le gîte à des « vieilles folles ». Elle persiste néanmoins, si bien qu'en septembre 1841 elle obtient sa charte civile au nom de Corporation de l'Asyle des femmes âgées et infirmes de Montréal. Responsable de 31 invalides, elle consacre une part importante de ses biens personnels à son œuvre devenue le centre de sa vie.

À l'instar de Rosalie, jamais Émilie n'avait eu l'intention de prendre le voile. Son entourage lui répète d'ailleurs qu'elle n'est pas faite pour être religieuse. Or, le 6 novembre 1841, Mgr Bourget lui annonce son projet de faire venir des religieuses françaises pour assurer la permanence de son asile. Il publie un mandement pour officialiser sa décision. La biographe de mère Gamelin, Denise Robillard, écrit : « Le mandement donne à l'œuvre

---

2. Le collectif Clio, *L'histoire des femmes au Québec depuis quatre siècles*, Montréal, Le Jour, éditeur, 1992, p. 238.
3. Le récit qui suit s'appuie sur la biographie de Denise Robillard, *Émilie Tavernier Gamelin*, Montréal, Éditions du Méridien, 1988, 330 pages.

de madame Gamelin une structure religieuse qui a le pas sur la structure civile et en fait une institution relevant de son autorité. L'évêque parle d'ailleurs de l'œuvre de madame Gamelin au passé[4]. » Les Filles de la charité de Paris que Mgr Bourget attend pour s'occuper des vieilles femmes d'Émilie Gamelin se désistent. Qu'à cela ne tienne, l'évêque de Montréal fondera une communauté locale : il fait du recrutement et ouvre un noviciat dont il confie la direction à un chanoine. Enfin, il nomme une compagne de la fondatrice au poste d'assistante du directeur, même si elle ne sait ni lire ni écrire. L'historienne Denise Robillard raconte la suite :

> De son côté, Mgr Bourget s'emploie à détacher madame Gamelin de son œuvre, comme il le confessera au lendemain de sa mort : « Lorsque les premières sœurs prirent le saint habit, elle s'étoit imaginée qu'elle seroit en qualité de fondatrice, la Mère de toutes, sans cesser d'être du monde, auquel alors elle ne songoit nullement à renoncer. Je me souviens […] des cruelles angoisses par lesquelles je la fis passer […] en l'empêchant de faire aucun acte d'autorité[5]. »

Deux ans plus tard, en 1843, Émilie Gamelin baisse les bras. Après bien des hésitations, et plutôt que d'abandonner à d'autres l'œuvre à laquelle elle s'est vouée, elle décide de se joindre à cette communauté religieuse. Dès lors, elle sera mère Gamelin et s'en remettra à l'évêque pour la gouverne de son asile.

LE NOVICIAT DES DAMES DE SAINTE-PÉLAGIE

Le dimanche 26 juillet 1846, l'évêque de Montréal ouvre un noviciat où Rosalie Jetté, alors âgée de 52 ans, et ses quatre premières associées – deux veuves et deux célibataires – se préparent à se faire religieuses. On leur remet un bonnet

---
4. *Ibid.*, p. 151-169.
5. *Ibid.*, p. 164.

blanc, un mouchoir de même couleur et une médaille de la Sainte Vierge à suspendre autour de leur cou.

Le premier geste de Mgr Bourget sera de confier la direction de l'Hospice de Sainte-Pélagie à l'abbé Antoine Rey, un prêtre austère de 63 ans arrivé de France trois ans plus tôt. Sous la supervision de l'évêque de Montréal, celui-ci rédige les règlements destinés aux futures sœurs. Tout est écrit noir sur blanc, à commencer par les qualités exigées pour faire partie de la communauté (qualités empruntées à saint François de Sales) : régularité, c'est-à-dire exactitude et ponctualité, dévotion, obéissance et humilité. Le sujet doit avoir la force de combattre ses imperfections et d'accepter les corrections. Dans un ordre d'idées plus matériel, la candidate doit disposer d'un revenu d'au moins une piastre par semaine, « soit dans ses bras, soit dans sa dot ».

Chaque postulante pratiquera la pauvreté. Elle ne conservera rien en propre et mettra en commun tout ce qu'elle possède. Elle sera chaste et, à cette fin, le règlement lui ordonne de ne parler aux personnes de l'autre sexe que brièvement et en présence de témoins. Obéissante, elle se soumettra aux décisions de la supérieure comme si Dieu le lui commandait. L'esprit fraternel devra régner au sein de la communauté dont le but premier est de glorifier Dieu. Les membres s'efforceront de s'aimer, même si cela ne vient pas naturellement. En outre, elles accorderont l'hospitalité et leur prodigueront les soins requis pour la grossesse aux filles enceintes d'un commerce illégitime. Elles les surveilleront à chaque instant, leur interdiront d'avoir des conversations peu édifiantes sur leur vie passée et les empêcheront de former des amitiés particulières ou de se retirer deux à deux. Seule la supérieure pourra décider si l'une des postulantes est malade et peut être dispensée des exercices. Le règlement rappelle que « le trop de soins et d'amour est dix fois plus funeste que les privations et le travail[6] ».

---

6. *Règlements pour les personnes qui se sont offertes à Dieu pour conduire l'œuvre de l'Hospice de Sainte-Pélagie érigé à Montréal*, ASM, B-8 V1260, 18, 22 pages.

En octobre 1846, en l'absence de Mgr Bourget en voyage en Europe, son coadjuteur, Mgr Jean-Charles Prince, demande aux novices – auxquelles vient de s'ajouter Josephte Malo, 47 ans, veuve Galipeau – de quitter leurs habits du monde. Bien qu'on les appelle encore les Dames de Sainte-Pélagie, il leur impose un costume religieux : une robe noire garnie d'un col blanc, une mante noire en drap d'Orléans qui arrive sous le genou et un bonnet blanc. En les voyant défiler en rang, juste avant la messe, leur aumônier-directeur, l'abbé Rey, s'exclame : « Ah ! mes dames, vous voilà habillées[7]. »

Mgr Prince nomme Rosalie Jetté supérieure et infirmière des pénitentes. Son mandat est d'une durée de un an. Naturellement, elle prend ses directives auprès de l'abbé Rey qui assume son directorat avec rigueur. Il introduit à l'hospice des pratiques mortifiantes, notamment la coulpe et la correction fraternelle : chaque soir, les sœurs doivent s'accuser devant la supérieure de leurs manquements et lui révéler leurs pensées intimes de la journée. Justine Filion n'a pas oublié la répugnance qu'elles avaient à s'humilier ainsi, au point d'en pleurer. La moitié des aspirantes n'avaient jamais été mariées. Par conséquent, la promiscuité avec les femmes en couches et les soins à apporter à leurs corps les exposent parfois aux mauvaises pensées :

> En suite, avec toutes ses choses là dans la tête, il fallait faire nos exercices religieux. Le soir à l'aubédiance, chacune était obligez de rendre compte des pensées qui l'avait occupées dans la journée. Cette coulpe intérieure à durée à peu près deux ou trois ans[8].

L'abbé Rey ne laisse jamais passer l'occasion de rabaisser les novices. Dans ses notes, Lucie Lecourtois l'affirme bien candidement : « Lorsqu'une sœur manquait à quelque point de sa règle ou fait quelqu'autre fautes, il

---

7. Justine Filion, *Mémoires sur l'origine et les progrès de l'établissement de Sainte-Pélagie à Montréal*, 2e partie, ASM, B-8 V1260, 19, p. 11.
8. *Ibid.*, p. 46.

suffisait à cette sœur de s'humilier pour obtenir sa grâce.» Et de raconter qu'un jour, ayant oublié de sonner la cloche comme elle devait le faire, elle s'était précipitée au-devant de l'abbé Rey et s'était jetée à genoux à ses pieds pour implorer son pardon[9]. Au bout d'un an, en juillet 1847, l'abbé Rey succombe au typhus. Son successeur, le père L.-C. Saché, ne restera en poste que deux mois, ayant été brusquement rappelé par son supérieur. Mgr Bourget songe alors à nommer l'abbé J. O. Paré. Celui-ci accepte à regret la charge, mais pleure pendant quinze jours, tant la réprobation populaire et les difficultés financières de l'hospice lui pèsent. L'évêque consent à le libérer et le remplace par Venant Pilon. Malgré ses 25 ans et sa faible constitution – il mourra de tuberculose en 1860 –, en dépit aussi des railleries de ses confrères que sa nomination amuse, ce jeune prêtre canadien, très autoritaire et contrôlant[10], tient les commandes aussi solidement que son prédécesseur. «Si je ne sais pas ce qui se passe, s'impatiente-t-il un jour devant la seconde supérieure, mère Sainte-Jeanne-de-Chantal, je ne pourrai pas gouverner la maison[11].» Il insiste, selon elle, pour châtier les religieuses qui ont du caractère. «Celle-là a besoin d'être humiliée, martèle-t-il, c'est une orgueilleuse[12].» Il faut mentionner que, au fil des mois, une complicité s'est créée entre cette supérieure et l'aumônier.

Les Sœurs de Miséricorde

Le 16 janvier 1848, peu après le déménagement de la maternité dans une maison plus spacieuse, mais tout aussi

---

9. Lucie Lecourtois, *Notes de sœur Marie-des-Sept-Douleurs*, ASM, A-4, 1/6, p. 4-5.
10. Témoignage de Josephte Malo, veuve Galipeau (sœur Sainte-Jeanne-de-Chantal) et de Lucie Thibault (sœur Saint-Ignace). Une copie des originaux conservés aux Archives de la chancellerie de l'archevêché de Montréal (ACAM, 525.109/860-1) se trouve au CRCJ.
11. *Ibid.*
12. *Ibid.*

délabrée, propriété de J. A. Donegani sise à l'angle des rues Sainte-Catherine et Saint-André, les novices, qui ont complété une retraite de trente jours – au cours de laquelle il a été décidé qu'elles étudieraient pour devenir des sages-femmes «certifiées» –, prononcent leurs vœux en présence de l'évêque de Montréal et de quelques prêtres de l'évêché. De l'ouverture du noviciat, le 26 juillet 1846, à ce jour, 16 femmes – six veuves et dix célibataires – se sont associées à Rosalie Jetté. Six sont parties et onze ont persévéré, dont la fondatrice. Elles ont entre 21 et 51 ans. Sept d'entre elles font leur profession en même temps que Rosalie. Après cette date, aucune veuve n'adhérera à la communauté naissante[13].

Mgr Bourget nomme les religieuses «Sœurs de Miséricorde» et leur assigne trois buts: «arracher au désespoir et ramener aux pratiques de la vie chrétienne les personnes qu'un moment de faiblesse ou d'oubli a jetées dans le péché; procurer la grâce du baptême aux enfants illégitimes; former un corps de sages-femmes en qui la compétence s'unirait à l'esprit de charité et de foi[14]». Chaque sœur reçoit un nom de religion. Rosalie Jetté devient alors mère de la Nativité.

Jusque-là supérieure de la communauté naissante, la fondatrice perd son poste au profit de son assistante, Josephte Malo-Galipeau, le 17 janvier 1848, soit le lendemain de la cérémonie des vœux. À la suggestion de Mgr Bourget, cette dernière a rejoint les rangs des Dames de Sainte-Pélagie en septembre 1846, trois mois après la mort de son mari dont elle a hérité d'une fortune confortable. Née à Belœil en 1799, la veuve a perdu sa fille unique à neuf mois. De taille forte et d'allure sévère, cette femme autoritaire en impose. Bien que sa formation religieuse laisse à désirer et qu'elle ne sache ni lire ni écrire, le chanoine Venant Pilon, alors directeur,

---

13. Données tirées des *Règlements pour les personnes, op. cit.*, ASM, B-8 V1260, 19.
14. Rapporté par Léon Pouliot, s. j., *Monseigneur Ignace Bourget et son temps*, Montréal, Bellarmin, 1972, tome III, p. 70.

la préfère à Rosalie Jetté. Le fait qu'elle ait apporté une dot de 500,00 $[15], en plus de quelques biens matériels, lui assure un certain prestige qui ne serait pas étranger à son ascension rapide. Elle portera le nom de mère Sainte-Jeanne-de-Chantal. L'histoire officielle veut que Rosalie Jetté ait fait savoir à l'évêque qu'elle ne souhaitait pas conserver le poste de supérieure. Dans le *Dictionnaire biographique du Canada*, l'historienne Andrée Désilets écrit : « Devenue sœur de la Nativité, la veuve Jetté refuse tout poste d'autorité dans sa communauté, se jugeant incapable de bien gouverner l'œuvre pendant la période de développement qui s'annonce. » Il semble plutôt qu'on ne le lui ait pas offert, comme le dit clairement Mgr Bourget : « Elle aurait dû être supérieure, mais mère Sainte-Jeanne-de-Chantal étant dans les bonnes grâces du chanoine Pilon, elle lui fut préférée[16]. » Dorénavant conseillère de cette dernière (qui refuse obstinément de la consulter), Rosalie s'occupera essentiellement des mères célibataires.

La version des Sœurs de Miséricorde, telle qu'elle est présentée dans la *Positio*, est différente. D'après elles, Rosalie Jetté aurait elle-même demandé à Mgr Bourget de retirer sa candidature comme supérieure. Elle ne voulait pas être accaparée par l'administration et préférait prendre soin des filles-mères. Elle se serait soumise de bon gré à cette décision. Une Madeleine a rapporté l'avoir entendue dire : « Je suis l'enfant gâtée du Bon Dieu ; il inspire mes supérieurs de me placer là où je me plais davantage, au milieu de mes chères pénitentes[17]. »

LE PASTEUR ET SES BREBIS

Mgr Bourget adopte la même attitude d'autorité à l'égard des pensionnaires de l'établissement. Cet homme, qui, le

---

15. ASM, J-1 V1470,199.
16. Mgr Bourget à sœur Sainte-Anne en 1879, « Notes historiques (1877-1880) », ASM, M4 V1120, B-93/3, p. 94-97.
17. Sœur Madeleine Monique, *Positio*, tome 1, p. 151.

premier, a reconnu la nécessité de venir en aide aux mères célibataires et a songé à leur donner un toit pour accoucher, n'échappe pas aux préjugés solidement implantés de son temps. Dans ses écrits, ainsi que dans les directives qu'il émet, l'évêque pose un regard d'une grande sévérité sur ces femmes. En fait, il les juge responsables d'une faute grave, peu importent les circonstances de leur grossesse, et même s'il s'agit de filles très jeunes. Elles sont toutes des pécheresses qu'il faut ramener dans le droit chemin. Comme Marie-Madeleine dans l'Évangile.

Évidemment, on doit lire ces documents archivistiques en se replaçant dans le contexte des valeurs religieuses du XIXe siècle, plutôt que de juger les mœurs du temps avec les yeux d'aujourd'hui. Néanmoins, cette remise en contexte permet de mesurer l'ampleur du cauchemar que fut la maternité hors mariage, une épreuve en soi à laquelle s'ajoute le regard implacable de la société posé sur des femmes la plupart du temps sans défense.

Le jugement moral de Mgr Bourget sur le comportement des mères célibataires transparaît dès 1848, lorsqu'il donne aux Sœurs de Miséricorde le mandat de fonder un asile à l'intention «des âmes infortunées qu'un moment de faiblesse et d'oubli a précipitées dans un abîme bien profond, afin de les arracher aux horreurs d'un affreux désespoir». L'évêque ne mâche pas ses mots : «Votre mission, écrit-il encore à l'intention des nouvelles religieuses, va être de rendre à ces fleurs que le vice a ternies, l'éclat de leur première innocence.» Et ceci encore : «Le Seigneur va vous donner des entrailles de miséricorde pour compatir aux maux que produit dans le monde le péché honteux et pour y apporter un remède efficace[18].»

Ainsi qu'il l'a fait pour les religieuses, l'évêque demande à l'abbé Antoine Rey de rédiger les règles à suivre par les pénitentes. Ce manuscrit de cinq pages

---

18. *Mandement d'institution des Sœurs de Miséricorde, directives de la Maternité de Sainte-Pélagie de Montréal*, 16 janvier 1848, ASM, A-2/26.

intitulé *Règlement des filles de l'asile de Sainte-Pélagie*[19] se divise en trois volets. Le premier précise l'horaire d'une journée à la maternité, le second expose ce qu'on attend des pensionnaires et le troisième émet les instructions à suivre au moment du départ de chacune. L'esprit du règlement, de même que le vocabulaire utilisé, suggère une condamnation implicite de leur acte à laquelle s'ajoute une dimension punitive : « On n'admettra pas celles qui ne viendraient que pour se décharger de leur fruit et s'en aller après, précise le document. Elles doivent venir repentantes de leur faute, dans l'intention de mettre leur conscience en bon état et de se prémunir contre la rechute en s'exerçant dans les vertus. » Il est mentionné qu'elles resteront à la maternité le temps nécessaire pour « consolider leur repentir ». Chacune doit « quitter ses joyaux et tous les apanages de la vanité » et paraître vêtue « comme il convient à une personne repentante de ses péchés ».

Dès l'arrivée d'une nouvelle pensionnaire à l'hospice, les maîtresses (c'est ainsi que sont désignées les soignantes) doivent lui lire le règlement. Celle-ci promet de s'y conformer. Il lui sera interdit de sortir sans permission et elle est avertie qu'elle sera renvoyée si elle met les pieds dehors. On ne tolérera pas qu'elle parle des modes, des vanités ou des curiosités du monde. Elle sera modeste dans ses paroles et dans son maintien, s'abstiendra de plaisanter, de rire de manière excessive, se gardera de tout geste indécent. Elle marchera posément, les yeux baissés.

Au début, en guise de costume, elle porte un bonnet et un mouchoir blancs taillés dans de vieilles taies d'oreillers. Au ruban noir noué à son cou est attachée une médaille de la Vierge. Sa vie antérieure est taboue. « Si quelqu'une s'avisait surtout de reprocher à une autre quelque chose du passé [...] elle serait renvoyée sur-le-champ [...] » Elle

---

19. *Règlement des filles de l'asile de Sainte-Pélagie*, chapitre second, ASM, B-8 V1260, 18. Toutes les citations entre guillemets sont tirées de ce document.

le sera aussi si elle tente de se justifier lorsqu'on la reprend ou l'admoneste. Par ailleurs, les liaisons particulières sont tenues pour suspectes. « Si une avait pour une autre une affection telle qu'elles cherchassent à se joindre et être seules ensemble, elles seraient [...] renvoyées comme dangereuses au bon ordre de la maison.» Nulle n'est autorisée à parler à un visiteur de la maison, encore moins à un complice, ni à se présenter au parloir sans avoir obtenu la permission d'une maîtresse.

Enfin, les pensionnaires se confesseront tous les quinze jours et s'appliqueront à connaître leurs mauvais penchants et à les détruire. « Comme c'est pour satisfaire le plaisir de leurs sens qu'elles ont péché, elles exerceront des rigueurs sur ce qui a servi d'instruments à l'iniquité. Par exemple, elles puniront leur langue par le silence ; leurs yeux par la privation des objets qu'ils voudraient observer ; leur bouche en se réjouissant de n'avoir rien à table qui la flatte ; de ne pouvoir rien prendre entre les repas, en se retranchant à chaque repas quelques bouchées que l'appétit convoite.»

Autrement dit, on recommande aux jeunes filles ou aux femmes sur le point d'accoucher ou qui viennent de mettre un enfant au monde de se priver de nourriture. Le règlement numéro 45 va plus loin encore : « Quoique leur état demande qu'on ne leur ait pas prescrit des jeûnes réguliers chaque semaine, néanmoins, on désire et on ose espérer que toutes, ou la plupart, se feront autoriser par leur maîtresse à jeûner une ou deux fois la semaine.»

L'idée d'imposer des privations alimentaires revient à l'abbé Antoine Rey, un prêtre, on l'a dit, qui frappe par son austérité. Contre tout bon sens, il prône le jeûne et l'abstinence des mères célibataires. La raison ? Il attribue à la gourmandise la plupart des maladies et recommande aux filles-mères de se priver d'aliments sous prétexte que cela est nécessaire pour obtenir une véritable conversion[20].

---

20. Lucie Lecourtois, *op. cit.*, p. 4.

Mgr Bourget et son aumônier n'ont rien laissé à la gouverne des «maîtresses». Ils décident de tout, en plus d'autoriser ou de rejeter les permissions demandées. Par le truchement de la confession, ils veillent sur l'âme des pensionnaires, encouragent les dénonciations et forcent celles qui contreviennent au règlement à s'humilier publiquement. Les deux hommes ont en outre déterminé le déroulement de la journée des pénitentes : lever au son de la cloche, à 5 heures 30 du matin, prière, déjeuner et entretien du dortoir. Après une brève récréation, vers 7 heures 45 au plus tard, le travail (couture et buanderie) commence. Il se poursuivra en silence jusqu'à 11 heures 30, sauf pour la dernière heure au cours de laquelle «elles pourront chanter des cantiques ou entretenir une conversation édifiante», avant de réciter le rosaire. À l'heure du dîner, une maîtresse lira la vie d'un saint. «Pendant le repas, elles ne devront pas oublier de modérer les désirs toujours excessifs de l'appétit (qui est une passion déréglée) et de résister à la tentation de parler.» L'après-midi, le travail reprend. Il leur est alors permis de converser entre elles après avoir dit un *Ave*. On en profitera aussi pour leur enseigner le catéchisme. Ensuite, elles pourront chanter des cantiques. Il y aura une dernière plage de travail après le repas du soir. Le coucher a lieu à neuf heures et il est interdit de parler jusqu'à la fin du petit déjeuner du lendemain.

Les filles-mères ne sont pas admises à la communion avant leurs couches. Après, elles s'approcheront de la Sainte Table seulement lorsqu'elles auront fait une confession générale et suivi une retraite. En effet, la pratique morale en usage dans le diocèse de Mgr Bourget commande de «refuser le St-Viatique aux filles de mauvaise vie qui meurent en couches» et de «ne pas admettre celles qui tombent dans la fornication à la Ste Communion pendant un an, à compter du moment de leur faute». Pourquoi? Dans une lettre à Mgr Giovanni Brunelli, secrétaire de la Sacrée Congrégation de la Propagation de la foi, au

Vatican, Mgr Bourget affirme : « L'expérience montre que ce n'est pas la maladie qui convertit ces sortes de personnes, puisque celles qui survivent retournent presque toujours à leur vomissement. » Aussi : « En admettant si promptement à la réception du St-Sacrement celles qui ont donné un scandale si public et si grand, on les expose elles-mêmes au danger de retomber bientôt dans leurs désordres, sous prétexte qu'elles pourront communier aussi facilement que celles qui mènent une vie pure et chaste. » Et de conclure : « Enfin, je pense qu'une pratique contraire ouvrirait la porte à la licence et l'immoralité[21]. »

Malgré un cadre de vie aussi austère et peu permissif, les sœurs qui ont vécu sous son règne affirment que « Sa Grandeur » savait se montrer très paternel à l'égard des pénitentes. C'est du moins ce qui ressort de leurs témoignages. Leurs récits ne cachent pas l'admiration qu'elles portent à l'évêque. Ainsi, elles ont noté que, lorsqu'il se rend à la maternité, c'est d'abord vers la salle où sont regroupées les pensionnaires qu'il se dirige. De même, il profite de son temps de repos pour leur faire le catéchisme. Avélina Paquin écrit : « Monseigneur n'avait qu'à leur dire quelques mots et de suite elles se mettaient à pleurer, raconte-t-elle, avant d'ajouter qu'il se privait parfois de leur parler pour ne pas leur faire de peine[22]. »

En 1847, pendant l'épidémie de typhus qui le frappera lui-même, Mgr Bourget interdit aux sœurs d'aller soigner les malades afin de ne pas mettre en péril la vie des pénitentes. Cela peut sembler contradictoire, mais il demandera alors à Lucie Benoît (sœur Sainte-Béatrix) de se rendre au chevet d'une femme atteinte du mal et qui devait mourir peu après. La novice contracta elle-même le typhus, mais

---

21. Une copie de cette lettre est conservée aux Archives de la chancellerie de l'archevêché de Montréal (ACAM, 901.055 / 846-2b). Les ASM en ont fait une photocopie.
22. Avélina Paquin, *Origine de l'Hospice de Sainte-Pélagie érigé à Montréal sous la direction des Sœurs de Miséricorde*, 1879-1880, ASM, J-1.1/I, p. 52.

survécut, alors que son entourage avait perdu espoir de la conserver[23].

Monseigneur réconforte aussi les mourantes. Des soignantes l'ont vu pleurer en priant avec elles. Le 12 mai 1851, Marie L., une jeune fille de 20 ans de Saint-Simon, près de Saint-Hyacinthe, a succombé au typhus six jours après avoir mis au monde un fils. Avélina Paquin raconte sans la nommer que cette jeune mère était bien tourmentée à cause de ses péchés. Peu avant sa mort, elle s'est entretenue avec l'évêque qui l'aurait rassurée. « Vous allez voir Notre-Seigneur quand vous mourrez, lui aurait-il dit, prenez alors vos péchés d'une main et votre crucifix de l'autre et dites-lui : voici d'un côté mes péchés et de l'autre votre miséricorde ; il faut bien que vous me pardonniez mes péchés puisque vous avez répandu votre sang pour les effacer[24]. »

L'évêque se tient constamment au courant de ce qui se passe à la maternité, où il reste d'ailleurs de longues heures à travailler sur ses papiers. Durant son voyage en Europe, en 1846, il décrit à son coadjuteur, Mgr Jean-Charles Prince, une œuvre semblable qu'il a découverte en France, la Miséricorde de Laval, et qui l'a inspiré. Au cours de ce séjour, il visite une autre maternité, près de Port-Royal, où il obtient de précieux renseignements sur les femmes enceintes admises et la manière de les soigner.

La vie quotidienne à Sainte-Pélagie

Sous la plume de l'une des premières compagnes de Rosalie Jetté, Lucie Lecourtois, on peut lire à propos des pensionnaires qu'elles sont « méchantes », que leur vie est « misérable », que c'est un « grand sacrifice » de s'occuper d'elles... À l'occasion, elle exprime de la pitié

---

23. Lucie Benoît a laissé un manuscrit de trois pages intitulé *Souvenirs du premier noviciat de sœur Sainte-Béatrix*, ASM, A-11/52.
24. Avélina Paquin, *op. cit.*, p. 67. Pour m'assurer de la véracité de cette anecdote, j'ai retrouvé l'identité de cette jeune femme dans le *Journal des pénitentes* grâce à la date de son décès.

et de la sympathie à leur égard. On la sent écartelée entre la tentation de les condamner, à l'instar de la société, et l'attachement qu'elle en vient à éprouver vis-à-vis de celles qu'elle considère comme ses protégées.

Pour décrire le contexte qui prévaut à la maternité, je puiserai dans les mémoires de Lucie Lecourtois (on retiendra qu'elle y parle d'elle-même à la troisième personne). Entrée au noviciat de la rue Wolfe à 36 ans, en 1846, elle a laissé un récit de la vie quotidienne à l'hospice tout imprégné de candeur et de simplicité. Quel type de rapports entretient cette célibataire plus que trentenaire avec les filles-mères? Deux ou trois mois après son arrivée, on la sent plongée dans le désarroi lorsqu'elle se voit assigner la tâche de s'occuper des pénitentes et, par conséquent, de vivre jour et nuit avec elles. Ce soir-là, on lui fait emporter ses pénates dans le dortoir de celles-ci. Elle écrit en parlant d'elle-même :

> Cette parole-là lui blessa le cœur comme si un couteau lui eut percée tant était grande la répugnance qu'elle éprouvait a aller là, elles se disaient à elle même, oh mon dieu quel sacrifice! Coucher avec ces pauvres filles enceintes et surtout loin de mes Sœurs que faire si elles me fesaient quelque chose elles pourraient bien me tuer ou bien me faire quelqu'autre mauvaiseté, comment faire pour me faire entendre de mes Sœurs car elle avait peur d'elles car elles pensait bien plus méchantes qu'elles étaient[25].

Rosalie Jetté l'a alors rassurée : « Ces pauvres enfants sont meilleures que vous pensez, allez et soyez sans crainte[26]. » Pendant quinze mois, Lucie Lecourtois partagera donc le quotidien des filles-mères dans ce dortoir qui sert aussi de salle de séjour. Le récit qu'elle en fait regorge de renseignements qui illustrent l'extrême pauvreté de la maternité. Pour tout mobilier, elles ont un vieux poêle tout rafistolé, des chaises sans « empaillures »,

---

25. Lucie Lecourtois, *op. cit.*, p. 3.
26. *Ibid.*, p. 4.

dix ou onze couchettes et des couvertures en quantités insuffisantes pour les tenir au chaud en hiver. Mademoiselle Lecourtois se lève à quatre heures du matin pour allumer le feu et réchauffer la pièce avant le réveil des pensionnaires, car il y a parmi elles des convalescentes dont elle a à cœur le rétablissement. Elle les conduit ensuite au réfectoire et mange avec elles. De retour à la salle commune, elle distribue les travaux de couture à exécuter. Elle prend très au sérieux son rôle de maîtresse des pénitentes. Parfois, elle doit quitter la pièce et alors, pour vérifier comment les filles se comportent en son absence, elle s'approche furtivement de la salle et les écoute le nez collé à la porte. La plupart du temps, elle les trouve en silence, comme le veut le règlement, ou, si elles conversent, parlant de choses anodines. Peu à peu, ses premières craintes s'évanouissent et, de son propre aveu, elle s'attache aux pénitentes :

> [...] elle n'avait plus peur d'elles comme autrefois et avait des pensées plus avantageuses de ces pauvres misérables [...] elle les prenait en grande pitié et tachait d'avoir pour elles un cœur maternel a la vérité elle leur tenait lieu de mère tant pour les besoins temporels que spirituels elle s'estimait très heureuse de pouvoir les soigner dans leur maladie elle les aimait et remplissait auprès d'elles tout ce qu'inspire la charité[27].

Parfois, l'une des filles se tient à l'écart : « probablement qu'elle pleurait ses fautes passées enfin pour n'aitre pas vue de personnes, allait se cacher dans la petite chambre [de sa maîtresse] », pense Lucie Lecourtois, qui parle avec tendresse de cette « brebis que le Divin Pasteur avait été chercher avec peine au milieu de ce monde corrompu qui avait ternis la blancheur de son âme ». Elle l'observe à la dérobée « les yeux baignés de larmes et priant avec amour son bon Jésus qu'elle avait outragée[28] ».

---

27. *Ibid.*, p. 11.
28. *Ibid.*, p. 9-10.

Lorsqu'il n'y a plus de place pour accueillir les nouvelles venues qui frappent à la porte de la maternité, Lucie Lecourtois est dans tous ses états. La règle interdit de dépasser le nombre de pensionnaires prévu et, chaque matin, l'abbé Rey compte les lits et les filles. De connivence avec Rosalie Jetté, elle imagine un stratagème pour que l'aumônier ne s'aperçoive pas qu'il y en a une en trop[29]. Il est intéressant de constater que la fondatrice et ses compagnes s'allouent ce mince espace d'autonomie et, malgré une soumission habituellement aveugle à l'autorité, désobéissent au règlement quand le bien-être des filles-mères en dépend.

Lucie Lecourtois raconte qu'un jour mère Sainte-Jeanne-de-Chantal a refusé d'admettre une jeune fille enceinte sous prétexte que celle-ci n'avait pas d'argent pour payer sa pension. Ses supplications n'ont pas touché la supérieure qui a maintenu sa décision. Émue par les larmes de cette paysanne qui ne connaissait personne en ville et qui ne pouvait même pas s'offrir un bout de pain, Lucie Lecourtois implore ses compagnes d'intervenir en chœur auprès de mère Sainte-Jeanne-de-Chantal, qui finit par céder.

Les loisirs sont une denrée rare à la maternité. Lucie Lecourtois a apporté dans ses bagages un jeu de cartes et une petite table ronde appelée communément demi-lune. Voyant ses pensionnaires s'ennuyer à périr, elle demande à l'abbé Rey de leur donner la permission de jouer aux cartes pendant la récréation. L'aumônier y décèle un danger et refuse. Elle revient à la charge, cette fois en proposant de les laisser jouer aux dames. Il consent à reculons. Le jour même, Lucie se rend chez son frère pour emprunter un damier. Dès lors, les filles pourront s'amuser.

Le chapelet, les sermons et les retraites occupent presque tout le temps qui n'est pas consacré au travail. Tour à tour, l'évêque, l'aumônier et les maîtresses invitent les filles-mères à regretter leurs fautes. Elles baignent

---

29. *Ibid.*, p. 8.

dans un univers de prière et de culpabilité et doivent aspirer à retrouver le droit chemin pour échapper au châtiment éternel. On les met en garde contre les scandales du monde, les mauvaises compagnies et les occasions prochaines de péché. Ce cadre de vie austère n'est pas exempt de chaleur humaine. Lucie Lecourtois a pu constater, non sans émotion, que les pensionnaires dont elle avait la charge savaient lui témoigner de l'affection. Au début, elles l'appelaient «mademoiselle». Puis, un jour, voyant que leur surveillante n'aimait pas ce vocable, elles lui dirent : «Nous pouvons bien vous appeler Notre Mère car quand même ce serait notre Mère charnel elle ne ferait pas plus que vous faittes pour nous[30] [...]» À compter de ce jour, elles prirent l'habitude de la nommer «mère».

À l'instar de Lucie Lecourtois, Rosalie Jetté a le dévouement d'une mère à l'égard des pensionnaires. «Elle n'épargnait ni peines, ni fatigues pour les encourager et les soulager surtout dans leurs maladies», dit Angélique Boudreau, qui a vécu aux côtés de la fondatrice pendant huit ans. «Elle les considérait comme les trésors de la maison. [...] Son cœur était avec les pénitentes et elle aurait voulu mourir au milieu d'elles[31].» Marie Perras, qui a côtoyé Rosalie à la fin de sa vie, n'a pas oublié les conseils qu'elle adressait aux novices à propos des pensionnaires : «Elle nous recommandait d'être bonnes surtout pour les plus mauvaises, celles qui se montraient le plus incorrigibles[32].» Lucie Lecourtois abonde dans le même sens :

> Elle [Rosalie Jetté] avait un don particulier pour consoler les cœurs affligés et devinait en quelque sorte nos peines. [...] Elle avait une tendresse maternelle pour les pénitentes c'était son cœur [...] jour et nuit on la voyait disposée à les assister ; [...] Elle était d'une

---

30. *Ibid.*, p. 12.
31. Angélique Boudreau (sœur Sainte-Philomène), ASM, A-11/31.
32. Marie Perras (sœur Marie-de-la-Miséricorde), ASM, A-11/30.

patience remarquable pour supporter leurs défauts et imperfections. Je fus une fois auprès d'elle pour la prier de venir voir une fille qui se montrait rebelle ; au lieu de la gronder, à ma grande surprise, elle lui parla avec la plus grande bonté, et la ramena ainsi à de meilleurs sentiments[33].

À sœur Madeleine Théodora, la fondatrice rappelait de prendre bien soin des pénitentes et d'éviter de leur faire de la peine. Sœur Madeleine Monique a noté qu'elle reprenait les sœurs qui perdaient patience en leur présence. Joséphine Provençal l'a souvent entendue mettre les novices en garde : « […] ne demeurez pas ici si vous n'aimez pas les pénitentes : il faut prier pour elles et les secourir, s'ôter en quelque sorte le morceau de la bouche pour le leur donner[34]. »

Bien entendu, il est de bon ton, à la maternité, de tout mettre en œuvre pour obtenir la conversion des filles. Rosalie Diotte, une cuisinière également affectée aux travaux de buanderie et de savonnerie ainsi qu'à la basse-cour, raconte un incident impliquant « une des infortunées qui s'était plongée bien avant dans le vice ». La malheureuse s'était liée d'amitié avec Rosalie Jetté et voulait partager sa couche :

> Notre Mère se rendit à son désir en se couchant près d'elle, après avoir pris ladessus l'avis de Monseigneur, mais ce ne fut pas sans se tourmenter, car elle avait bien peur de cette fille qui était maligne. Elle la convertit par ses charitables procédés et la conduisit au Bon-Pasteur où elle mourut saintement plus tard[35].

Autre exemple, raconté cette fois par Adélaïde Lauzon : pendant la récréation, Rosalie Jetté s'appliquait à « leur faire regretter le passé et à entreprendre la pratique d'une vie nouvelle. […] surtout, elle priait et s'immolait

---

33. Lucie Lecourtois, ASM, A-11/14, p. 3.
34. Joséphine Provençal (sœur Saint-André), ASM, A-11/41 ; Élizabeth G. (sœur Madeleine Bernard), ASM, A-11/60; Marie A. (sœur Madeleine Théodora), ASM, A-11/ 65.
35. Rosalie Diotte (sœur Saint-Louis-de-Gonzague), ASM, A-11/22.

pour leur conversion; aussi, c'était une grande joie pour son cœur quand elle voyait les âmes revenir sincèrement à Dieu, se décider à demeurer en notre maison pour y faire pénitence[36]».

D'EX-FILLES-MÈRES DEVENUES « SŒURS MADELEINES »

À une époque où la plupart des femmes ne savent pas écrire, il n'est pas étonnant que l'on ne dispose d'à peu près aucun témoignage provenant des pensionnaires de l'Hospice de Sainte-Pélagie. Il s'agit là d'une lacune de taille pour qui veut capter leurs perceptions des choses.

Parmi toutes les dépositions sollicitées par Mgr Bourget en 1879, celles des « sœurs Madeleines », ces anciennes filles-mères qui, après leur accouchement, ont choisi de demeurer à l'hospice et de consacrer leur vie à soigner leurs semblables, méritent une attention particulière. Leurs souvenirs et commentaires sont les seuls provenant de femmes ou de filles ayant accouché à la maternité.

Qui donc étaient ces mères célibataires désireuses d'offrir leur vie à Dieu ? Des pensionnaires comme les autres arrivées à Sainte-Pélagie avec leur gros ventre, mais qui, une fois délivrées, n'en sont plus reparties. C'est à la fin des années cinquante que la communauté commence à les accepter dans ses rangs. De 1858 à 1864, 13 sont demeurées soit comme Madeleines, soit comme consacrées chez les Sœurs de Miséricorde. Ces femmes sont des filles-mères qui ont demandé à rester à l'hospice, sans toutefois prononcer les mêmes vœux que les religieuses. Dans la case « observations » du *Journal des pénitentes*, on lit simplement : « Elle demeure ici. »

Au début, elles font partie du personnel soignant ou travaillent comme domestiques. Tout ce qui les distingue des sœurs est le bonnet. Leur rôle, tel que Mgr Bourget l'a défini, est d'« honorer l'infinie miséricorde de Notre-Seigneur Jésus-Christ et la tendre compassion de Marie

---

36. Adélaïde Lauzon (sœur Sainte-Marie d'Égypte), ASM, A-11/16.

pour les grandes pécheresses, en se consacrant aux œuvres de pénitence, sous la protection de Marie-Madeleine qu'elles désirent faire revivre par l'imitation fidèle de ses vertus[37] ».

En avril 1859, les sept premières Madeleines entrent solennellement au Madelon, nom donné à la salle où se réunissent les postulantes de cet ordre secondaire. Pendant la cérémonie, l'évêque de Montréal, qui s'est chargé de leur formation religieuse, exige qu'elles baisent les pieds des sœurs. Il leur remet aussi les règles à suivre avant de leur faire prononcer des vœux de pauvreté, de chasteté et d'obéissance, vœux qu'elles devront répéter annuellement[38].

On peut retrouver une vingtaine de ces Madeleines dans le *Journal des pénitentes* et en tirer un portrait sommaire (tableau 3.1). Originaires de la grande région métropolitaine pour la plupart (Montréal, Saint-Zotique, Rigaud, Chambly, L'Acadie, Saint-Vincent-de-Paul, etc.), à l'exception d'une Américaine de Pennsylvanie, d'une Mascoutaine et d'une jeune femme de Québec, elles avaient de 18 à 34 ans lorsqu'elles se sont présentées à la maternité pour accoucher entre 1849 et 1859.

Deux d'entre elles, Mathilde J. et Emma R., sont protestantes, mais elles se convertiront au catholicisme. Dix-huit mettront au monde un enfant qui sera confié aux Sœurs grises à sa naissance. Certaines ont travaillé au sein de la communauté pendant sept ou huit ans avant d'entrer en religion.

En 1879, quand Avélina Paquin recueille les souvenirs des pionnières qui ont connu Rosalie Jetté, neuf des premières Madeleines signent une déposition. Le style est ampoulé et le propos élogieux. En voici quelques extraits :

– Élizabeth G., de Saint-Zotique, a 30 ans lorsqu'elle arrive à la maternité pour y accoucher de Marie-Bernard,

---

37. *Dossier des Madeleines*, J-40, et *Registre des Madeleines*, J-1 V1450, 53.
38. Avélina Paquin, *op. cit.*, p. 11 et 12.

en novembre 1851. Elle y restera sept ans avant d'être admise chez les Filles de Sainte-Madeleine. Ayant des dons particuliers pour la couture, elle effectue des travaux pour des clients de l'extérieur, en plus de « ramancher les côtes cassées ». Dans son témoignage, elle évoque la manière de faire de Rosalie pendant les accouchements : « Elle [Rosalie] ne craignait pas de s'abaisser aux plus humbles et aux plus viles fonctions pour les soulager dans leurs maladies[39]. »

– Également couturière, Mary C. est venue de Rigaud à 20 ans pour accoucher de Marie-Calixte, en 1851. Après quelques années passées à la maternité, elle entre au Madelon en 1859. Pendant 13 ans, elle côtoie Rosalie Jetté qui, malgré son âge avancé, s'occupe des pensionnaires. « Il était édifiant de voir cette digne Mère devancer en hiver le lever des pénitentes pour leur allumer le poêle et réchauffer un peu la pauvre maison qu'elles habitaient, ensuite il lui fallait sortir dans la neige pour amener ces pauvres filles à la communauté[40]. »

– À 22 ans, en 1853, Margaret Elisabeth R., de Chambly, accouche d'un petit garçon, Faustin. Elle rappelle que Rosalie se privait de nourriture pour la donner aux pensionnaires.

– « La fondatrice travaillait très fort », selon Élise P., une mère célibataire de 24 ans envoyée par le curé de Saint-Vincent-de-Paul. Elle se souvient que, lorsque les sœurs la trouvaient fatiguée et lui faisaient remarquer qu'elle abusait de ses forces, Rosalie leur répondait avec un soupçon d'humour : « Mes enfants, je serai plus longtemps couchée que debout[41]. »

– Marie-Anne A., 34 ans, de L'Acadie, une cordonnière (elle confectionne des souliers à la maternité après la naissance de son fils), écrit à propos de la fondatrice qu'elle

---

39. Sœur Madeleine Bernard, ASM, A-11/60.
40. Sœur Madeleine Marguerite, ASM, A-11/59.
41. Sœur Madeleine Marie d'Abraham, ASM, A-11/62 ; sœur Madeleine Monique, ASM, A-11/64.

a côtoyée pendant plus de cinq ans : « Elle s'efforçait de nous faire détester le péché, et de nous faire aimer la vertu. Elle nous parlait avec la simplicité d'une enfant[42]. »

– Les propos de Sophronie G. illustrent bien comment on encourageait les vocations. Entrée à 22 ans à peine, en 1854, cette native du village de Saint-Esprit met au monde un fils un mois plus tard. Après son accouchement, alors qu'elle poursuit sa convalescence et réfléchit à son avenir, Rosalie Jetté lui suggère de rester à la maternité :

> Elle m'encourageait souvent à demeurer ici pour y mener une vie pénitente. Je ne voulais pas d'abord me rendre à ses bons conseils, mais elle me dit que je resterais bien. Elle évitait de me laisser voir mes parents, afin de m'empêcher de m'en aller avec eux. [...] J'eus diverses épreuves à subir par la suite, et cette Vénérée Mère était ma consolatrice en ces circonstances, et elle m'a beaucoup aidée par sa grande charité et ses maternels avis[43].

Peut-on prêter foi à ce concert d'éloges ? Rappelons que c'est à la demande de la supérieure du temps, mère Sainte-Thérèse-de-Jésus, appuyée par Mgr Bourget, que les sœurs et les Madeleines ont livré leurs souvenirs et leurs impressions, une quinzaine d'années après la mort de Rosalie Jetté. L'évêque attendait d'elles « un juste miroir de ses vertus et de ses défauts ». S'il réclamait les vraies couleurs, avec « les beautés comme les laideurs », il n'obtint, semble-t-il, que les « beautés ».

Avélina Paquin a retranscrit à la main leurs confidences regroupées aux ASM sous le titre *Témoignages de contemporains de Rosalie Cadron-Jetté, en religion mère de la Nativité*. De toute évidence, elle a soumis aux religieuses un questionnaire unique. On peut émettre l'hypothèse que la question posée incluait parfois la réponse. Par exemple, on leur aurait demandé : notre fondatrice considérait-elle les pénitentes comme les trésors de la

---

42. Sœur Madeleine Théodora, ASM, A-11/65.
43. Sophronie G., ASM, A-11/66.

maison ? manifestait-elle la tendresse et le dévouement d'une mère ? Voilà sans doute pourquoi la même réponse est répétée d'une déposition à l'autre.

TABLEAU 3.1
Sœurs Madeleines ayant rédigé leurs souvenirs
de Rosalie Jetté

Nom	Nom en religion	Date d'admission	Âge	Date du baptême de l'enfant	Date de la profession religieuse
Mary C.	Madeleine Marguerite	14 octobre 1851	20	Marie-Calixte 19 avril 1852	22 juillet 1859
Élizabeth G.	Madeleine Bernard	20 août 1851	30	Marie-Bernard 5 novembre 1851	22 juillet 1859
Elmire T.	Madeleine Anastasie	26 mars 1861	21		27 octobre 1871
Margaret R.	Madeleine Marie d'Abraham	25 juin 1853	22	Faustin 11 septembre 1853	22 juillet 1868
Mathilde J.	Madeleine Pélagie	29 mai 1855	18	Célestin 6 août 1855	22 juillet 1860
Élise P.	Madeleine Monique	11 juillet 1856	24	Marc 4 novembre 1856	22 juillet 1879
Marie-Anne A.	Madeleine Théodora	2 avril 1859	34	Théodore 23 avril 1859	27 octobre 1871
Sophronie G.	Madeleine Thaïs	11 septembre 1854	22	Hyacinthe 8 janvier 1855	22 juillet 1868
Élizabeth B.	Madeleine Marie-Madeleine	1849	34		22 juillet 1859

Source : ASM, *Registre des Madeleines*.

Bien qu'elles se recoupent, leurs impressions méritent l'attention, car il se greffe ici et là des commentaires personnels qu'on ne retrouve nulle part ailleurs. L'une se souvient que les pensionnaires ne trouvaient pas Rosalie jolie, mais que quelque chose en elle les attirait. Une autre garde en mémoire qu'il lui arrivait de s'asseoir par terre avec ses protégées, également qu'elle prisait du tabac (une recommandation médicale à l'époque). Leurs récits laissent voir que régnait à la maternité une atmosphère familiale qui n'est pas sans rappeler la vie dans les couvents d'antan. Un régime de sévérité entrecoupé de moments de tendresse. À ma connaissance, une seule source juge sévèrement les Sœurs de Miséricorde, au temps de Rosalie. Ce sont des propos attribués à Louis-Antoine Dessaulles, seigneur de Saint-Hyacinthe, neveu de Louis-Joseph Papineau et membre du Conseil législatif. Sa vie durant, ce libre-penseur a mené une lutte féroce contre le clergé et les communautés religieuses. Dans un carnet de 58 pages, non signé, mais annoté de son écriture entre 1860 et 1875, il monte en épingle les vices cachés qu'il prête à certains prêtres et à des religieuses. Au sujet du « Couvent de Sainte-Pélagie », il écrit sans apporter de preuve ni fournir aucune source :

> On y force une femme enceinte à laver les planchers jusqu'à la dernière minute. Si elle se dit trop fatiguée, on la force durement à continuer pour expier sa faute. Dans ses grandes douleurs, on lui dit que c'est bon pour elle et qu'elle ne mérite pas davantage.

> La supérieure fait tenir une femme par le domestique de Berthelet et le boulanger du couvent, et la fouette. Une fille du nom de English Anna y est conduite pour accoucher. On s'empare de toutes ses robes de soie, elle paie sa pension par-dessus le marché, et elle en sort en guenilles, sans le sou. Se réfugie dans le bois Logan. Meurt de besoin peu de temps après[44].

Rien dans les sources ne vient corroborer les accusations de mauvais traitements portées par Dessaulles. Dans son histoire de l'hospice, Avélina Paquin reproche

---

44. Louis-Antoine Dessaulles, *Petit bréviaire des vices de notre clergé*, Notre-Dame-des-Neiges, Éditions Trois-Pistoles, 2004, p. 47 ; le manuscrit original est aux Archives nationales du Canada, à Ottawa (cote MG24-B59). Je n'ai pas retrouvé English Anna dans le *Journal des pénitentes* (il est cependant possible qu'English ne soit pas son véritable nom de famille. Le fichier compte quatorze Anna, la plupart ayant un nom de famille à consonance anglophone. Il arrive aussi que les noms des pensionnaires qui paient une pension ne soient pas inscrits au fichier.

effectivement à la supérieure, sœur Sainte-Jeanne-de-Chantal, de rechercher pour elle-même les objets de luxe et les meilleurs aliments dont elle privait son entourage :
Elle avait à cœur le bien de sa maison, quoiqu'elle l'entendit parfois d'une bien étrange façon. Il lui arriva, paraît-il de profiter de l'occasion pour trop exiger pour la pension de certaines pensionnaires ; et c'est ce qui indisposa plus d'une personne contre notre maison[45].

Par ailleurs, le climat d'austérité qui prévaut à Sainte-Pélagie est bien documenté. Il est évident que les filles-mères n'ont d'autre choix que de se conformer docilement aux règles rigides qui leur sont imposées, sans quoi elles seront expulsées. Certaines fuguent, d'ailleurs, mais elles sont vite forcées de revenir au bercail, n'ayant aucun moyen de subsistance[46]. Celles à qui s'offre une autre solution s'en vont parfois accoucher ailleurs. Dans la case « observations », le *Journal des pénitentes* indique alors « a quitté avant son terme ». Mais la plupart du temps, sans ressources ni toit, elles craignent trop qu'on leur montre la porte pour ne pas attendre sagement leur délivrance.

Nous verrons maintenant comment les choses se passent à la maternité au moment de l'accouchement.

---

45. Avélina Paquin, *op. cit.*, p. 30.
46. Sophie Bibeau (sœur Marie-de-Bonsecours), ASM, A-11/17.

CHAPITRE IV

LE POUVOIR MÉDICAL

Le *Registre des entrées et sorties de l'Hospice de Sainte-Pélagie* permet de suivre le mouvement des naissances dans le premier établissement montréalais à recevoir les femmes enceintes, au temps où les hôpitaux refusaient de les admettre dans leurs salles. Les Archives des Sœurs de Miséricorde, peu explorées jusqu'à ce jour, nous renseignent aussi sur un épisode particulièrement douloureux de leur histoire : l'interdiction d'accoucher décrétée contre les sages-femmes et la prise de contrôle de la maternité par les médecins. Pour saisir tous les enjeux de ce dossier, un tour d'horizon de l'état de la médecine au XIXe siècle s'impose. Car l'obstétrique, une science nouvelle, va bientôt transformer le paysage bas-canadien, à une époque où les médecins n'ont pas encore le monopole de l'accouchement et alors que les ressources disponibles pour venir en aide aux filles-mères en nombre croissant font cruellement défaut.

LA MÉDECINE À MONTRÉAL AU XIXe SIÈCLE

À l'heure de l'industrialisation tous azimuts, les Montréalais vivent dans des conditions d'hygiène effroyables. La ville, dont la population croît à un rythme effréné, n'adopte aucune mesure préventive, sauf en temps de choléra. Les maladies infectieuses se développent et les épidémies sont meurtrières. On en connaît maintenant les causes – logements surpeuplés, bétail et volailles en liberté, ordures et carcasses d'animaux pourrissant dans les rues, germes infectieux dans l'eau des puits, réseau d'égouts et de fosses d'aisance inadéquat, etc. –, mais à ce moment-là, on les attribue à des facteurs climatiques, atmosphériques et environnementaux, comme on dit aujourd'hui[1]. Rien d'étonnant à ce que le taux de mortalité soit fort élevé, jusqu'à 45 par millier d'habitants pendant les épidémies, et de 25 à 28 pour mille ensuite, quand la propagation commence à diminuer[2]. La mort frappe particulièrement les quartiers ouvriers et pauvres peuplés de Canadiens français. Les médecins ne savent pas à quel saint se vouer. Ils prescrivent à leurs malades des purges, des vomitifs, des diètes, des saignées et des alcools. À partir des années 1840, ils appliquent des sangsues. On ampute à froid et on opère les tumeurs, hernies et anévrismes de la même manière. Pour calmer la douleur, on a recours à l'opium et à la morphine. L'équipement est rudimentaire : l'Hôtel-Dieu aura son premier microscope en 1864.

Si la science est démunie devant le typhus et le choléra, elle l'est tout autant en présence de la tuberculose et des maladies qui touchent les enfants : la variole, la rougeole, la scarlatine et la coqueluche. Ceux-ci meurent également d'infections d'origine intestinale, telles la diarrhée, la dysenterie et la fièvre entérite. En 1846, les chiffres tirés des registres paroissiaux indiquent que 64 % de tous les catholiques décédés à Montréal n'ont pas atteint l'âge de quatre ans[3]. Le docteur Séverin Lachapelle, qui pratiquait à la maternité de Sainte-Pélagie en 1899, affirme

---

1. Michael Farley, Othmar Keel et Camille Limoges, « Les commencements de l'administration montréalaise de la santé publique (1865-1885) », *HSTC Bulletin* (*Revue canadienne d'histoire des sciences, des techniques et de la médecine*), vol. 6, n° 1 (janvier 1982), p. 24-46.
2. Jacques Bernier, *La médecine au Québec*, Québec, Les Presses de l'Université Laval, 1989, p. 113.
3. Jean-Claude Robert, « The City of Wealth and Death : Urban Mortality in Montreal, 1821-1871 », dans Wendy Mitchinson, dir. *et al.*, *Essays in the History of Canadian Medicine*, Toronto, McClelland & Stewart, 1988, p. 29.

sans ambages : « Il est une croyance bien grave qui est bien plus répandue et enracinée dans nos familles qu'elle est partagée par beaucoup de médecins : on croit qu'il est absolument inutile de soigner les maladies des enfants[4]. » Personne n'a encore pris conscience que le grand coupable est l'absence d'hygiène. On pensait même que le choléra frappait de préférence les peureux et les gourmands[5]. Le lavage des mains et la désinfection des instruments ne préoccupaient guère le milieu hospitalier[6], d'où les nombreuses infections. De plus, on était convaincu que la suppuration favorisait la guérison.

Il y a beaucoup de résistance dans les hôpitaux face à l'asepsie, mais la profession est en pleine mutation. Devant l'aggravation de la situation et l'inertie des autorités municipales, les praticiens se mobilisent. En 1847, le Collège des médecins et chirurgiens du Bas-Canada est créé dans le but de perfectionner la pratique médicale et d'éliminer les charlatans, dont les sages-femmes font partie à leurs yeux. L'ordre commence à prôner des réformes sanitaires : isolement des malades, propreté de l'eau, collecte des déchets, alimentation saine, arrêt de l'immigration en période d'épidémie... Selon l'historien Jacques Bernier, la médecine officielle entretient alors des visées monopolistiques : refusant la pluralité des pratiques, « c'est sans scrupule qu'elle tenta, à la fin du XIXe siècle, d'accaparer tout le champ de la médecine[7] ».

C'est dans ce contexte qu'une nouvelle science se développe : l'obstétrique. Depuis des siècles, les accouchements sont l'affaire des sages-femmes qui se font aider d'une voisine ou d'une parente de la femme en couches. Elles pratiquent à la maison selon les méthodes

---

4. Le docteur Lachapelle est cité par Martin Tétrault, dans « Les maladies de la misère : aspects de la santé publique à Montréal, 1880-1914 », *Revue d'histoire de l'Amérique française*, vol. 36, n° 4, mars 1983, p. 513.
5. Jacques Bernier, *op. cit.*, p. 117.
6. *Ibid.*, p. 122.
7. *Ibid.*, p. 100.

traditionnelles transmises d'une génération à l'autre. Intuitives et habiles plus qu'instruites ou formées – leur savoir est empirique –, elles savent comment s'y prendre pour délivrer la mère et leur réputation se répand de bouche à oreille. Disponibles en tout temps, elles accourent au premier appel. En cas de difficultés, elles sollicitent l'aide d'un médecin, seul autorisé à utiliser les forceps. Quand la vie de la parturiente est en danger, l'Église interdit la destruction du fœtus, même si cela doit causer la mort de la mère. Jusqu'au milieu du XIXe siècle, le corps médical, dont les effectifs sont insuffisants, surtout dans les campagnes, tolère les sages-femmes. La cohabitation des uns avec les autres est même assez harmonieuse.

L'obstétrique évolue cependant plus lentement que la chirurgie. À Montréal, l'Hôtel-Dieu n'a pas encore de département d'obstétrique. L'École de médecine enseigne sommairement cette nouvelle science appelée tocologie à raison de deux cours théoriques de six mois chacun, et ce, seulement à partir de 1847. Les étudiants n'ont pas accès aux parturientes et s'exercent sur des mannequins. Mais les choses sont sur le point de changer, car le Collège des médecins, bien déterminé à améliorer les connaissances de ses membres, entreprend des démarches auprès des maternités tenues par les religieuses afin de permettre aux jeunes clercs d'y apprendre l'art d'accoucher.

Le Collège a raison. La morbidité excessive des femmes en couches et de leurs nouveau-nés commande aux autorités médicales de revoir la façon de faire traditionnelle. En effet, de nombreux enfants meurent à la naissance. Entre 1821 et 1846, un sur quatre ne vit pas jusqu'à la fin de sa première année. En 1868, on assiste à une véritable hécatombe : 623 des 678 bébés recueillis par les Sœurs grises ne survivent pas à leur premier mois de vie[8]. Bon nombre de ces décès s'expliquent : on manque de nourrices. À l'orphelinat, les nouveau-nés ne reçoivent pas de lait maternel. Comme la pasteurisation n'existe

---

8. *Ibid.*, p. 29, 31.

pas encore, ils sont nourris de lait artificiel qui n'est pas exempt de microbes.

De même, trop de mères meurent des suites de l'accouchement : hémorragies, contamination par manque d'asepsie, éclampsie, fièvres, etc. Chez ces malades, l'infection se propage fréquemment par suite de blessures subies lors du passage de l'enfant dans le canal utérin. Mais la science s'avère alors impuissante.

Au Bas-Canada, la situation n'est pas pire qu'ailleurs. La communauté médicale internationale considère la fièvre puerpérale comme la plus grande tragédie liée à l'enfantement. Jusqu'au début des années 1840, les femmes accouchaient à la maison et le fléau ne les atteignait pas. Avec l'avènement des maternités, on commence à déplorer des infections contagieuses.

Aux États-Unis, dans un article du *New England Journal of Medicine and Surgery* publié en 1843, le docteur Oliver Wendell Holmes de Boston écrit que la fièvre puerpérale est transmise « *from patient to patient by physicians and nurses* ». Il tente de démontrer que les femmes qui accouchent dans les maternités avec l'aide de médecins meurent plus souvent que celles qui mettent leur enfant au monde chez elles aidées d'une sage-femme. Ses conclusions sont jugées ridicules par ses collègues américains.

Même scepticisme en Europe où, dès les années 1840, le docteur Philippe Ignace Semmelweis, un chirurgien obstétricien hongrois, affirme que la transmission des microbes se fait par les mains. Publiés en 1863, ses travaux scandalisent le corps médical. Les praticiens refusent l'idée que les fièvres soient contagieuses et qu'eux-mêmes puissent en porter la responsabilité. Un long débat sur la pertinence de se laver les mains s'ensuit à travers l'Europe comme aux États-Unis, notamment à New York et à Boston, où 75 % des mortalités de parturientes sont dues à la fièvre puerpérale[9].

---

9. Wertz, Richard, et Dorothy Wertz, *Lying-in, A History of Childbirth in America*, New Haven, Yale University Press, 1989, p. 121-126.

L'explication du docteur Semmelweis ferait sourire si le sujet n'était pas si grave. Selon lui, les médecins et leurs étudiants vont et viennent de la salle d'anatomie à la salle d'accouchement. Parfois, ils examinent la femme en travail après avoir disséqué des cadavres, sans s'être lavé les mains. L'image a sans doute frappé l'imaginaire des médecins montréalais de l'époque puisque, dans un article publié en 1897, un vieil obstétricien ayant fait ses classes à Sainte-Pélagie au milieu des années 1840 raconte que, au temps de ses études médicales, la nuit, il partait en excursion avec ses camarades dans les cimetières avoisinants à la recherche de corps à déterrer. Ces étudiants les ramenaient ensuite dans leur salle d'anatomie pour les disséquer[10]. Le docteur Jean-Philippe Rottot ne va cependant pas jusqu'à évoquer le manque d'hygiène des jeunes clercs après leurs escapades nocturnes.

Quoi qu'il en soit, les mentalités évoluent bien lentement. En 1870, nulle part dans le manuel d'enseignement de l'École de médecine et de chirurgie de Montréal, il n'est question de la notion d'asepsie[11]. Ici comme ailleurs, il faudra attendre les travaux de Pasteur, dans les années 1880, pour convaincre les médecins que les microbes sont à l'origine de certaines maladies infectieuses. On découvre alors que les parturientes sont particulièrement vulnérables aux infections et que le manque d'asepsie de la part des personnes en contact avec l'accouchée peut endommager

---

Philippe Ignace Semmelweis (1818-1865), chirurgien obstétricien hongrois, a écrit *L'étiologie de la fièvre puerpérale* entre 1851 et 1855. En 1924, l'écrivain Céline (Louis-Ferdinand Destouches) lui consacrera sa thèse de doctorat en médecine.

10. Jean-Philippe Rottot, « La science médicale à Montréal depuis 50 ans jusqu'à nos jours », *Revue médicale du Canada*, vol. 6, 1902, p. 342-345 ; en 1915, l'écrivain Rodolphe Girard signait une nouvelle intitulée *Assassin* dans laquelle deux étudiants allaient déterrer des cadavres dans un cimetière durant la nuit. On peut lire ce texte dans *Nouveaux contes de chez nous*, Montréal, Bibliothèque québécoise, 2004, p. 11.

11. Jacques Bernier, *op. cit.*, p. 138.

l'utérus, que ce soit au cours du toucher vaginal ou lors de l'utilisation d'instruments non stérilisés.

LA FORMATION DES SAGES-FEMMES DE SAINTE-PÉLAGIE

Qu'en est-il à l'Hospice de Sainte-Pélagie? Pour l'instant, la fièvre puerpérale n'y a pas encore fait son apparition. Depuis sa fondation en 1845 jusqu'en janvier 1851, notre base de données indique que, des 306 mères célibataires qui y ont accouché, une seule est décédée, victime du typhus en 1847 (tableau 4.1). Âgée de 22 ans, Christine M., de Sainte-Marie-de-Monnoir, est morte cinq jours après avoir mis au monde un enfant mort-né.

L'épidémie de typhus qui sévit à l'époque à Montréal a également emporté la première sage-femme de la maternité, la veuve Montrait, en 1847. C'est Sophie Desmarêts-Raymond et une autre veuve qui la remplacent, mais le problème de leur compétence se pose. Dans son récit, Avélina Paquin constate que ces femmes manquent d'expérience pour s'acquitter de leur tâche : « [...] comme elles n'étaient pas encore très habiles en cet art, écrit-elle, il fallait recourir aux médecins ce qui n'était pas très commode surtout durant la nuit[12]. »

Conscientes de leur inexpérience, les Dames de Sainte-Pélagie, alors novices, décident d'apprendre l'art d'accoucher afin de soigner elles-mêmes les parturientes. La décision est d'autant plus surprenante que les sœurs hospitalières de Saint-Joseph qui travaillent à l'Hôtel-Dieu de Montréal se sont vu interdire de faire de semblables études sous prétexte que des personnes portant l'habit religieux ne doivent pas donner des soins intimes à d'autres femmes. Chez les Sœurs de Miséricorde, la question a été débattue en groupe lors d'une retraite de 30 jours en vie courante, commencée le 1er novembre 1847 et prêchée par Mgr Bourget. La discussion s'est poursuivie en décembre, à

---

12. Avélina Paquin, *Origine de l'Hospice de Sainte-Pélagie érigé à Montréal sous la direction des Sœurs de Miséricorde*, 1879-1880, ASM J-1.1/I, p. 74-75, p. 43.

TABLEAU 4.1
Mouvement annuel des admissions,
des naissances et des décès à Sainte-Pélagie

Année	Admissions	Naissances	Enfants morts	Mères mortes	Décès des deux
1845	7	7	0	0	0
1846	46	40	4	0	0
1847	52	45	1	1	1
1848	86	75	1	0	0
1849	68	63	0	0	0
1850	81	76	6	0	0
1851	93	82	1	2	0
1852	102	79	1	0	0
1853	88	85	0	1	0
1854	105	93	0	2	0
1855	98	82	2	4	1
1856	136	115	4	3	0
1857	123	103	1	3	0
1858	131	115	1	2	0
1859	155	125	9	2	1
1860	170	135	8	3	2
1861	190	143	2	2	0
1862	202	175	10	1	0
1863	242	201	12	8	0
1864	242	195	7	10	2
1865	246	216	14	1	1
1866	33	32	1	3	0
Non disponible	5	0	0	0	0
Total	2701	2282	85	48	8

Source : ASM, *Registre des entrées et sorties de l'Hospice de Sainte-Pélagie*. Données compilées par l'auteure.

l'occasion d'une seconde retraite de huit jours, peu avant que les pionnières prononcent leurs vœux. Justine Filion précise qu'elles se sont d'abord livrées à une sérieuse réflexion sur leur mission proprement dite :

> Cette retraite avait pour but de […] décider si on assistera les femmes dans leurs maladies où non, ou

bien si nous prendrions des personnes étrengère pour faire cela. Les choses paisé balencé il a été décidé qu'aucune personne du dehors ne seraient admises, excepté les médecins, alors ce sont les sœurs qui ont été obliger d'assister les susse dites personnes, exceptés deux sœurs novices qui ont été contre les discisions[13].

La décision ne fait pas l'affaire de toutes les sœurs. Elles s'y plient néanmoins, même si on n'exige pas des autres religieuses hospitalières qu'elles procurent des soins intimes aux femmes enceintes. Ce sacrifice, croient-elles, consolidera leur œuvre.

Ce témoignage donne à penser qu'en entrant au noviciat les célibataires ne réalisent pas tout à fait ce qu'on attend d'elles. Sans doute sont-elles prêtes à s'occuper des mères, mais, étant donné qu'elles n'ont aucune expérience personnelle de la maternité, il leur répugne de devoir les accoucher.

Est-ce le fruit du hasard si un problème de recrutement se pose alors ? N'est-ce pas plutôt, comme le laisse entendre Justine Filion, une réaction à l'obligation de se faire sage-femme ? « [...] la majorité d'entre elles n'avaient pas été mariées, écrit-elle ; il n'y avait que trois veuves. Il s'agissait par conséquent de choses tout à fait étrangères pour elles[14]. » Toujours est-il qu'en 1849 et 1850, donc immédiatement après que la décision eut été prise de former les sœurs à l'art d'accoucher, aucune aspirante n'est entrée au noviciat et une religieuse a quitté la communauté. En 1851, on accepte trois recrues, mais aucune ne terminera l'année[15].

En réalité, si elles veulent pratiquer, les religieuses n'ont pas véritablement le choix de se former ou non, car,

---
13. Justine Filion, *Mémoires sur l'origine et les progrès de l'établissement de Sainte-Pélagie à Montréal*, 2e partie, ASM, B-8 V1260, 19, p. 42.
14. *Ibid.*, p. 46.
15. *Positio. Dossier sur les vertus et la renommée de sainteté*, vol. 1, *Biographie documentée et information*, Rome, 1994, p. 168. L'information est tirée du *Registre des délibérations*, 1848-1900, ASM, V-1450, 25.

depuis 1847, une loi oblige les sages-femmes qui œuvrent dans les villes de Montréal, Trois-Rivières et Québec à démontrer leurs capacités devant deux membres du Collège des médecins. Déjà, quatre ans plus tôt, Mgr Bourget s'était inquiété de l'ignorance de certaines d'entre elles dans une circulaire adressée au clergé en 1843 :

> Il est un grave abus qui se répand et qui peut exposer beaucoup de mères à perdre la vie et beaucoup d'enfants à mourir sans baptême : c'est l'ignorance de plusieurs sages-femmes qui s'ingèrent d'elles-mêmes dans une profession à laquelle elles ne sont pas formées. [...] Pour remédier à ces inconvénients, il faut refuser l'absolution aux sages-femmes qui n'ont pas la capacité reconnue. Il est nécessaire pour cela qu'un médecin leur donne un certificat qui constate leur habileté[16].

C'est au médecin attitré de la maternité qu'il revient de donner les cours pratiques aux sœurs. Le docteur Eugène-Hector Trudel, un jeune praticien de 28 ans, diplômé de l'Université McGill en 1844, est attaché à l'Hôtel-Dieu ; il est également « professeur d'accouchements et des maladies des femmes et des enfants » à la toute nouvelle École de médecine et de chirurgie de Montréal. Il soigne les pénitentes de l'hospice depuis 1846.

Le 12 juillet 1849, après 18 mois d'études dispensées gratuitement, huit sœurs de Miséricorde obtiennent leur certificat de compétence signé par deux membres du Collège des médecins et chirurgiens du Bas-Canada, le docteur Trudel lui-même et son collègue le docteur Jean-Gaspard Bibaud. Celui de Rosalie Jetté se lit comme suit[17] :

---

16. *Mandements des Évêques de Montréal*, 1843, tome 1, p. 232. L'original se trouve aux Archives de la chancellerie de l'archevêché de Montréal. Une copie se trouve au CRCJ.
17. ASM, A-7.2/1. Ce document est reproduit à la fin de cet ouvrage (appendice A).

Montréal, 12 juillet 1849
Nous soussignés certifions qu'ayant aujourd'hui examiné la Sœur la Nativité de la Maternité de Ste-Pélagie de Montréal sur l'art des accouchemens, nous l'avons trouvée qualifiée pour pratiquer comme sage-femme.

JG Bibaud MD
MC.M&C du B-C
EH Trudel MD
M.E. M&C B.C.

Parmi ces huit sages-femmes, trois veuves cinquantenaires ont connu elles-mêmes l'expérience de l'enfantement. Les cinq célibataires ont entre 24 et 47 ans. L'une d'elles, Marguerite Gagnon, 28 ans, quittera l'hospice le 18 septembre 1849, deux mois à peine après l'obtention de son diplôme, pour des raisons liées à une surcharge de travail qui lui aurait été imposée injustement par la supérieure.

Pendant quelques années, les religieuses sages-femmes procèdent elles-mêmes aux accouchements sans s'attirer de critiques. Le docteur Trudel veille à la bonne marche de la clinique. Mais les sœurs sont de plus en plus sollicitées à l'extérieur par les familles pauvres du voisinage. On vient les chercher jusqu'à trois fois chaque nuit. En 1850, elles ont admis 81 pensionnaires et mis au monde 76 enfants, dont 6 sont morts. Aucune mère n'est décédée. Elles vont aussi à domicile pour aider 261 femmes à accoucher et effectuent pas moins de 580 visites[18].

Les choses vont bientôt changer. Le 15 octobre 1850, le docteur Trudel demande aux religieuses d'admettre les étudiants en médecine à l'Hospice de Sainte-Pélagie afin de leur apprendre l'art des accouchements. Les archivistes des Sœurs de Miséricorde affirment que le médecin a formulé cette demande par écrit, mais elles n'ont retrouvé aucune lettre dans leurs archives ou au Fonds de l'École

---

18. Avélina Paquin, *op. cit.*, p. 54.

de médecine et de chirurgie de Montréal. Mes propres recherches n'ont pas davantage porté fruit. L'idée de voir circuler des étrangers dans leur établissement, fussent-ils de futurs praticiens, ne plaît guère aux sœurs. Franchement ennuyées par cette proposition émanant de leur dévoué et généreux médecin – le docteur Trudel n'a jamais demandé un sou aux malades pauvres qu'il a eu à traiter –, les religieuses consultent Mgr Bourget, qui les encourage à faire ce sacrifice afin que la société forme de bons médecins. Justine Filion raconte que ses consœurs ont consenti « à leur procurer cette avantage en se rendant abile dans cet art. Et dont ils auraient été privez et ils auraient pu donner la mort à plusieurs, faute d'abileté où de conessance[19] ». L'entente est rapidement conclue puisque neuf jours plus tard, *La Minerve* du jeudi 24 octobre 1850 publie dans ses pages l'information suivante :

> École de Médecine et de Chirurgie de Montréal
> La Maternité de Ste-Pélagie est ouverte aux élèves.
> Médecin de l'Hospice : Dr Trudel. Médecins consultants : MM. les professeurs de l'École de Médecine.

Les étudiants sont autorisés à examiner, soigner et accoucher les filles à la maternité, ainsi que les femmes à domicile, à condition que cela se passe sous la surveillance d'un médecin ou d'une sœur de Miséricorde certifiée sage-femme. C'est là une exigence des religieuses, qui s'imposent ainsi un surcroît de travail. De fait, elles assisteront aux accouchements pour encourager les mères et « pour surveiller à ce qu'il ne se passât rien d'inconvenant[20] ». Les étudiants voient certainement un avantage à conclure cette association puisqu'ils font construire à leurs frais une petite maison blanche à côté de l'hospice qui servira d'infirmerie et où les pensionnaires seront conduites au moment d'accoucher.

---
19. Justine Filion, *op. cit.*, p. 44.
20. Avélina Paquin, *op. cit.*, p. 65.

Les bonnes relations semblent avoir duré environ quatre ans. Le 10 octobre 1854, *La Minerve* décrit la maternité comme suit : « L'Hospice de Ste-Pélagie où les étudiants, pour une faible rétribution en faveur du dit Hospice, sont instruits dans les manœuvres des accouchements, et où tous les médecins de l'École sont, de droit, médecins consultants. »

L'ÉTAT DE SANTÉ DES PENSIONNAIRES

Depuis sa fondation en 1845 jusqu'en février 1866, Sainte-Pélagie a accueilli 2 701 pensionnaires et réalisé 2 282 accouchements. On a déploré le décès de 48 mères et celui de 85 nouveau-nés. Dans huit cas seulement, la mère et son enfant sont morts au moment de la naissance ou dans les jours qui ont suivi.

Au fil des ans, le nombre des admissions a progressé régulièrement, passant de 7 en 1845 à 93 en 1851. Pendant cette période, les accouchements ont épousé la même courbe, entraînant le décès de 3 mères et de 12 enfants. Au cours des sept années suivantes, le mouvement s'accélère, les inscriptions annuelles ayant continué d'augmenter pour atteindre 131 en 1858. Quinze pensionnaires et 8 nourrissons sont morts. Enfin, de 1859 à 1866, la maternité a accueilli entre 155 et 246 parturientes par an. Trente mères et 63 enfants sont décédés.

Le *Registre des entrées et sorties* ne nous renseigne guère sur l'état de santé des jeunes femmes lorsqu'elles se présentent à la maternité. Nous savons qu'elles arrivent souvent de l'extérieur de la ville, exténuées par un long trajet fait à pied ou dans une voiture en piètre état. Plusieurs sont malades, affamées ou en détresse morale, conditions propices au développement de maladies ou d'infections. La plupart du temps, elles n'ont pas les moyens de payer de pension. À défaut de pouvoir défrayer le coût de leur séjour, elles devront exécuter des travaux de couture et d'entretien, quand leur état le permet.

Grâce aux témoignages des pionnières, nous apprenons que ces jeunes femmes enceintes issues de familles défavorisées ou pratiquant un métier mal rémunéré souffrent de malnutrition grave. Vu la grande pauvreté de la maternité – et le jeûne recommandé par l'aumônier! –, elles ne pourront pas compter sur leur séjour pour améliorer leur alimentation, car elles y seront maigrement nourries. Le pain ne manque jamais, mais la soupe est claire et la viande, de mauvaise qualité. Justine Filion confie que le boucher leur refile les restes, même si les sœurs paient. Avélina Paquin ajoute :

> Quand nous avons été pendant quelques années, lesquels il fallait passer quelques mois au pain et à leau, quand on pouvait avoir du sucre, ceci passait mieux, quelque foi on achetait une petite brocheté de poisson et le moin chère qu'il y eut à vendre sur le marché. Par ce que nous avions très peu d'argent à dépensé, […] Dans ces temps de disettes, le peut qu'il y avait était pour les pénitentes, les malades et les faibles, et les autres mangeaient du pain et buvait de leau, un peut de souppe les soutenait[21].

À la maternité, non seulement la nourriture manque, mais les conditions de vie sont lamentables. Les pionnières ne cachent pas que la salubrité des lieux est déficiente et leurs descriptions donnent à penser que la promiscuité favorise la propagation des microbes. La maison de briques où elles emménagent en décembre 1851, à l'angle des rues Lagauchetière et Campeau (aujourd'hui Saint-André), nécessite de gros travaux. Le plâtre et les enduits ne sont pas encore secs au moment du déménagement. Justine Filion se rappelle que le dortoir des pénitentes, niché au troisième étage, était surpeuplé. Lits de fortune disposés côte à côte, mauvaise aération, humidité ou chaleur excessive, ménage et nettoyage laissant à désirer à cause de l'exiguïté de la pièce, odeur de latrines et de sang séché... Avélina Paquin écrit que, dans ce refuge, le froid faisait terriblement souffrir les sœurs « parce que les fournaises ne fonctionnaient pas bien. L'eau que l'humidité faisait

---

21. *Ibid.*, p. 49 ; Justine Filion, *op. cit.*, p. 62.

couler des murs était parfois gelée sur le plancher quand nos sœurs arrivaient le matin pour la prière[22] ».

Début juillet 1852, les pensionnaires sur le point d'accoucher sont particulièrement éprouvées. En effet, le grand Montréal brûle. Onze cents maisons sont rasées d'un bout à l'autre de la ville et quelque 9 000 personnes se retrouvent sans abri. À deux reprises, la maternité est touchée par les flammes et les sœurs enterrent leurs possessions (chaudrons, ustensiles, vaisselle) dans la cour. Quand l'alarme sonne à nouveau, elles évacuent les pénitentes dans un «refuge pour filles exposées à se perdre et pour les orphelines pauvres». Enveloppées dans des couvertures mouillées, celles-ci sont transportées en charrette à l'autre extrémité de la ville, là où le feu ne risque pas de se propager. L'hospice est finalement épargné et l'on ramène tout le monde rue Lagauchetière au milieu des ruines avoisinantes[23].

Dans ces conditions pénibles qui ne se sont pas améliorées au fil des ans, il n'est pas étonnant qu'une dizaine de pensionnaires aient décidé de quitter la maternité avant d'accoucher. À la case «observations» du *Journal des pénitentes*, on lit : «désertée», «est partie d'elle-même» ou encore «n'a pas eu besoin de l'hospice». Leur séjour aura duré entre deux jours et un mois. Une femme de 29 ans, de Saint-Jean de Dorchester, Julie B., y a passé trois mois avant de s'en aller. Rose P., une servante de 22 ans de Saint-Charles, est repartie le lendemain de son arrivée. La Montréalaise Azeline P., 17 ans, a attendu au surlendemain. Sur sa fiche, on a indiqué «désertée avant sa maladie». D'autres, telles Adeline J., 18 ans, de Saint-Jean-Baptiste, et Esther T., 25 ans, de Sainte-Marie-de-Monnoir, sont restées trois semaines, mais elles sont parties avant leur accouchement.

Ont-elles fait une fausse couche? Ont-elles été incapables de supporter le régime de vie austère de

---

22. Avélina Paquin, *op. cit.*, p. 59.
23. *Ibid.*, p. 74-75.

l'institution? Les archives n'en glissent mot. Quelques remarques inscrites au registre laissent perplexe. Ainsi, Mary R., une veuve américaine de 37 ans, entrée le 1ᵉʳ novembre 1852, est repartie quatre mois plus tard, le 31 mars 1853. Sa fiche indique tout bonnement «n'est pas enceinte».

Les chroniqueuses sont tout aussi discrètes quand il s'agit de parler des accouchements. À l'époque, suivant l'usage, il faut laisser faire la nature. Dès qu'une fille ressent ses premières douleurs, on la conduit à la salle des naissances. Dans leurs récits, les pionnières mentionnent que, de jour comme de nuit, on court chercher le médecin. Cela semble indiquer que les sages-femmes de la maternité, bien qu'elles soient formées, ont souvent recours à l'aide des médecins. Il n'empêche que, depuis sa fondation jusqu'en octobre 1850, l'unique victime est morte du typhus, maladie qui n'est en rien reliée à sa grossesse.

En fait, des débuts de l'hospice jusqu'au moment où les étudiants en médecine font leur apparition à Sainte-Pélagie à la fin de 1850, le bilan des sœurs accoucheuses est positif: sur les 306 accouchements, 1 mère et 12 enfants morts. C'est peu, si l'on songe que la mortalité en couches est très élevée à l'époque, comme nous l'avons vu précédemment.

LE CONFLIT ENTRE LES MÉDECINS ET LES SAGES-FEMMES

Au Bas-Canada, la cohabitation harmonieuse entre médecins et sages-femmes commence à s'étioler vers 1840, mais ce n'est qu'au milieu des années 1850 que le torchon brûle véritablement. Les revues médicales regorgent de plaintes visant les accoucheuses. On les juge ignorantes – elles manqueraient de connaissances en anatomie et en obstétrique –, on leur reproche de soigner des maladies qui n'ont rien à voir avec la grossesse ou l'accouchement et on leur en veut de priver les médecins de leur gagne-pain[24].

---

24. Jacques Bernier, *op. cit.*, p. 99.

Justine Filion écrit : « Les médecins se sont imaginez que nous faisions un grand profit, en allant soigner les malades disant qu'on leur ôtait leur pain. Ils nous ont ménassé d'amande sur les papiers publiques[25]. »

Si ces plaintes s'adressent aux sages-femmes en général, les Sœurs de Miséricorde se sentent particulièrement visées puisque Sainte-Pélagie est l'unique maternité francophone à Montréal. De fait, les historiens s'entendent pour dire que l'objectif des médecins, dont les effectifs augmentent rapidement, est d'en prendre le contrôle.

D'abord introduits comme bénévoles [dans les maternités], écrit Hélène Laforce, les praticiens francophones imposent graduellement leurs directives et leurs façons de voir grâce aux contrats de plus en plus serrés qui les lient avec les congrégations religieuses. Les sœurs n'ont d'ailleurs guère le choix puisqu'elles ont besoin des subventions universitaires[26].

L'historienne note cependant que les Sœurs de Miséricorde ne sont pas les seules à déplorer cette situation, qui prévaut aussi, au même moment, au *Montreal Lying-in*, maternité anglophone associée à la Faculté de médecine de l'Université McGill[27].

À Sainte-Pélagie, les médecins sont vite parvenus à leurs fins puisque, le samedi 2 juin 1855, *La Minerve* rapporte que la Chambre du Conseil législatif de la Province du Canada a approuvé l'*Acte pour incorporer l'hospice de la Maternité de l'Université Laval à Montréal.* Cet acte stipule que Sainte-Pélagie demeure sous l'administration de l'École de médecine et de chirurgie de Montréal quant aux soins gynécologiques qui y sont donnés et aux accouchements qui y sont pratiqués.

---

25. Justine Filion, *op. cit.*, p. 45.
26. Hélène Laforce, « Les grandes étapes de l'élimination des sages-femmes au Québec du 17e au 20e siècle », dans Francine Saillant et Michel O'Neill, dir., *Accoucher autrement*, Montréal, Éditions Saint-Martin, 1987, p. 174.
27. *Ibid.*, p. 173.

Les Sœurs de Miséricorde sont-elles ignorantes, ainsi que les médecins l'affirment dans les revues médicales ? Peuvent-elles diagnostiquer les hémorragies utérines, les avortements, les éclampsies, les convulsions puerpérales, les ruptures et les déchirures des organes génitaux ? Probablement pas, du moins les premières années, ce que reconnaît implicitement leur chroniqueuse, Avélina Paquin, qui admet que les deux veuves prêtes à remplacer l'unique sage-femme décédée « n'étaient pas encore très habiles en cet art » et qu'il « fallait recourir aux médecins ce qui n'était pas très commode surtout durant la nuit[28] ».

Toutefois, il paraît exagéré de considérer leur manque de connaissances en matière d'obstétrique comme un fléau puisque, à partir de janvier 1848, elles ont suivi des cours et obtenu en juillet 1849 leurs certificats attestant qu'elles sont qualifiées. Et il va sans dire que, pendant des siècles, ce sont les sages-femmes qui ont délivré les femmes en couches.

Jacques Bernier affirme cependant qu'elles accusent effectivement un retard par rapport aux praticiens formés dans les écoles. Or, plutôt que de les aider à acquérir des connaissances pour faire d'elles de précieuses collaboratrices, ce qui fut le cas ailleurs dans le monde, notamment en France, le Collège des médecins et chirurgiens de Montréal les a évincées en s'appropriant le savoir médical relatif aux accouchements et à l'obstétrique[29].

Second sujet de plaintes : Les sages-femmes soignent-elles réellement des maladies n'ayant rien à voir avec la grossesse et la maternité ? La réponse est oui. Dans son récit des origines de l'œuvre, l'abbé Fournet l'affirme :

> C'était par tous les temps et par toutes les saisons que nos sœurs allaient ainsi assister les femmes malades et elles continuèrent à agir ainsi jusque vers l'année 1862, où les médecins ne voyant pas en bonne part

---

28. Avélina Paquin, *op. cit.*, p. 43.
29. Jacques Bernier, *op. cit.*, p. 99-100.

les soins que nos sœurs prodiguaient aux malades, non seulement pour les maladies de femmes, mais encore pour d'autres, les firent cesser. Nos sœurs eurent de la peine à cause des pauvres qu'elles avaient été heureuses de soulager et qui en souffriraient[30].

La seule statistique connue concernant les visites à domicile porte sur l'année 1860-1861. Pendant ces 12 mois, les sœurs sages-femmes ont effectué pas moins de 580 déplacements et accouché 261 femmes. Après cette date, il leur fut interdit de procéder à des accouchements à l'extérieur de leur maternité.

Enfin, troisième reproche, les sœurs accoucheuses privent-elles les médecins de leur gagne-pain? Certes, les accouchements constituent une source de revenus non négligeable puisque chaque femme met alors au monde en moyenne sept enfants. Cela dit, les Montréalaises qui demandent l'aide des sages-femmes de l'Hospice de Sainte-Pélagie sont démunies. La plupart du temps, elles sont incapables de défrayer les soins qu'elles reçoivent. Pourtant, l'argument financier a pesé dans la balance. Jacques Bernier établit un lien direct entre l'accroissement du nombre de médecins et leur attitude à l'égard des sages-femmes. Selon lui, ils auraient pu leur faire une place en leur permettant de se former et ensuite les reconnaître. Mais ils pouvaient aussi les évincer. «C'est cette voie que choisit le Collège[31].»

Tout laisse croire qu'à l'Hospice de Sainte-Pélagie, la situation n'a fait qu'empirer au cours des cinq années qui ont suivi l'arrivée des médecins. Dans une lettre adressée au secrétaire de Mgr Bourget, le chanoine Joseph-Octave Paré, et datée du 24 février 1861, la supérieure, sœur Sainte-Jeanne-de-Chantal, exprime ses vives inquiétudes sur ce qui se passe à la salle d'accouchement. Dans un style

---

30. Pierre-Auguste Fournet, p.s.s., *Mère de la Nativité et les origines des Sœurs de Miséricorde (1848-1898)*, Montréal, Imprimerie des sourds-muets, 1898, 252 pages.
31. Jacques Bernier, *op. cit.*, p. 99.

direct, elle accuse les jeunes clercs de mettre en danger la vie des parturientes. Elle évoque un incident qui se serait produit en présence de deux sages-femmes, Rosalie Jetté et Lucie Lecourtois :

> Dans un cas […] un clerc a fait un examen si long et si fatigant que la fille est tombée en convulsion. Les sœurs l'ont prié de bien vouloir le terminer, ce qu'il n'a pas voulu faire. […] Les conséquences en ont été une grande hémorragie qui a failli la faire mourir. D'autres cas semblables sont arrivés et quelqu'unes des filles sont restées avec des infirmités[32].

La supérieure affirme que, malgré les exhortations des sages-femmes, les étudiants ne prennent aucune précaution pour éviter les risques d'infirmités ou de décès qu'ils pourraient causer. Ainsi a-t-il fallu les empêcher plusieurs fois de donner des remèdes à une femme dans l'unique but de hâter sa délivrance et parce qu'ils voulaient aller se reposer. Elle proteste en outre contre leur comportement désinvolte observé pendant les accouchements difficiles, alors qu'ils « s'endorment et laissent la malade sans aide ». Un incident désagréable se serait déroulé après que le docteur accoucheur eut été obligé d'appliquer les fers. « Deux clercs en arrière du Docteur riaient et se moquaient de la malade et de la maladie. » Et de poursuivre ses accusations sur le même ton :

> Permettez-moi de vous rappeler ce qui est arrivé au docteur Gasquipy qui devait, il me semble, savoir comment agir dans les accouchements : dans une seule nuit, il a été la cause de la mort de deux enfants et d'une fille, et l'autre fille après avoir souffert horriblement a failli mourir aussi ; les deux enfants

---

32. Une copie de cette lettre de sœur Sainte-Jeanne-de-Chantal au secrétaire de Mgr Ignace Bourget au sujet du « comportement des clercs étudiants en médecine avec les filles en couches », datée 24 février 1861, se trouve au CRCJ. Elle est reproduite à la fin de cet ouvrage (appendice B).

sont morts sans avoir été ondoyés; il a agi tout le temps malgré les Sœurs[33].

Après vérification dans le fichier, un cas se rapprochant de celui décrit par la supérieure a pu être retrouvé. Deux petites filles sont bel et bien décédées à la naissance la même journée du 27 septembre 1860, soit quatre mois avant l'envoi de la lettre de sœur Sainte-Jeanne-de-Chantal à l'évêque. La mère de l'une, Anna M., 30 ans, de Montréal, a succombé aux fièvres, le 29 septembre, elle avait été admise la veille de son accouchement. Arrivée un mois plus tôt, l'autre mère, Marie C., 38 ans, de Montréal, a quitté la maternité trois semaines après son accouchement. Cela dit, on ne peut affirmer hors de tout doute qu'il y a un lien entre ces décès et les mauvais traitements présumés du docteur Gasquipy.

Plusieurs filles, ajoute la supérieure, dissimulent leurs contractions jusqu'au départ des étudiants pour ne pas avoir à accoucher sous leurs soins. Par ailleurs, elle déplore le comportement immoral et le manque d'éthique flagrant de certains étudiants indiscrets qui cherchent à connaître l'identité des pensionnaires. Celles-ci reprochent aux religieuses de s'en remettre pour les soigner à des clercs qui, dans leurs paroisses, se vantent ensuite de les avoir accouchées. Mais il y a pire : « Il est aussi arrivé plusieurs fois que les clercs ont accouché celles qu'ils ont eux-mêmes séduites », précise la supérieure. Tout cela ferait un tort considérable à la réputation de la maternité. « Monsieur Berthelet nous a dit, conclut-elle en citant le bienfaiteur de l'œuvre, que si le monde savait le commerce qui se passe ici, personne ne voudrait nous aider ; que pour lui, s'il l'eut su, il n'aurait jamais donné la main à Sainte-Pélagie[34]. »

À ce jour, la réponse de l'évêque ou de son secrétaire à la supplique de la supérieure n'a pas été retrouvée aux ASM. Aux Archives de la chancellerie de l'archevêché de Montréal, l'archiviste adjointe, Monique Montbriand,

---

33. *Ibid.*
34. *Ibid.*

a procédé en 1992 à une recherche dans les archives diocésaines à la demande des Sœurs de Miséricorde. Dans une lettre adressée à Gisèle Boucher, s.m., alors responsable du Centre Rosalie-Cadron-Jetté, elle déclare que le document est introuvable[35]. Si l'évêque a répondu à cette lettre, il l'a fait de vive voix, sans doute pour ne pas ébruiter l'affaire. Dans le fonds de l'École de médecine et de chirurgie de Montréal (1845-1936) consigné aux Archives de Montréal, aucun écrit ne mentionne les agissements des étudiants tels qu'ils sont décrits par la supérieure.

Rien non plus dans l'attitude de l'évêque de Montréal ne permet de croire qu'il a tenu compte des inquiétudes de la religieuse. Dans les notes manuscrites qu'il lui a adressées en 1864, donc trois ans après la lettre évoquée précédemment, Mgr Bourget se montre particulièrement attentionné à l'égard des jeunes médecins : « Veillez à ce que les clercs qui assistent aux accouchements soient reçus convenablement et qu'on leur donne tous les moyens de se former une bonne pratique, tout en prenant de sages précautions pour qu'il ne se passe rien que d'honnête et de religieux[36] », lui recommande-t-il.

Que penser de cette charge contre les médecins ? Est-ce là le cri du cœur d'une supérieure excédée ? Le récit d'un vieux médecin qui a raconté ses souvenirs dans un article publié en 1897 laisse entrevoir l'état d'esprit des étudiants de son temps. Diplômé en 1847, le docteur Jean-Philippe Rottot, qui a fait son apprentissage à l'Hospice de Sainte-Pélagie, affirme que les clercs-étudiants « cherchaient d'abord le plaisir et la sagesse ensuite[37] ». Il attribue leurs excès à des erreurs de jeunesse plutôt qu'à des actes blâmables.

---

35. Copie de cette lettre a été obtenue au CRCJ, en 2006.
36. Mgr Ignace Bourget à mère Saint-Joseph, mars 1864, ASM, A-2/5.
37. Jean-Philippe Rottot, *op. cit.*, p. 342-345.

Mourir en couches

L'Hospice de Sainte-Pélagie, on l'a vu, a eu à déplorer 48 décès parmi ses pensionnaires et 85 de leurs enfants (voir le tableau 4.1) entre 1845 et 1866. Dix mères ont perdu la vie avant d'accoucher. Onze ont entraîné avec elles dans la mort leurs nouveau-nés, dont une paire de jumeaux, cependant que 28 nourrissons ont survécu à leurs mères. La majorité de ces parturientes (36) étaient domiciliées dans la région montréalaise, dont 12 à Montréal même. Il y avait 6 Ontariennes, 2 Irlandaises, 2 Québécoises, 1 Américaine et 1 Mascoutaine. Six de ces femmes ont déclaré être mariées et une s'est inscrite comme veuve. Toutes étaient catholiques, à l'exception de trois protestantes (tableau 4.2).

TABLEAU 4.2
Âge des mères décédées

Âge	Nombre
15 à 20	17
21 à 25	15
26 à 30	5
30 à 38	7
Inconnu	4
Total	48

Source : ASM, *Registre des entrées et sorties de l'Hospice de Sainte-Pélagie*. Données compilées par l'auteure.

Âgées de 15 à 38 ans, la plupart des femmes décédées n'avaient pas 25 ans et 17 avaient moins de 21 ans. La cadette, Mathilde D., une jeune fille de 15 ans de Saint-Clet, dans le diocèse de Montréal, a été emportée par le typhus en 1860. Envoyée par le curé de son village, elle avait été admise à la maternité le 2 avril et a accouché d'un fils le 14 juin. Le 29 du même mois, elle mourait.

Combien de temps ces femmes ont-elles passé à l'hospice avant leur accouchement ? Pour 5 d'entre elles, la naissance de l'enfant est survenue soit le jour de leur admission, soit le lendemain ou le surlendemain. Deux naissances ont eu lieu après un séjour de trois ou quatre jours à l'hospice. Cinq fois, l'enfant a vu le jour de 10 à 20 jours après l'arrivée de sa mère et 17 fois, après qu'elle y eut passé un ou deux mois. Enfin, six accouchements sont survenus quatre ou cinq mois plus tard.

Ce qui frappe d'abord, c'est le taux de mortalité étonnamment bas à Sainte-Pélagie, si l'on considère que bon nombre des 2 282 femmes qui y ont accouché étaient moralement ou physiologiquement faibles et que les conditions de vie à la maternité – nourriture insuffisante, surpopulation et promiscuité, température ambiante — étaient propices au développement des maladies et en favorisaient la transmission.

Même les années de grande affluence, soit 1864 et 1865 (voir le tableau 4.1), et alors qu'il y a un accroissement sensible du nombre de pensionnaires, la mortalité maternelle n'atteint jamais des sommets alarmants, comme on en déplorait souvent ailleurs au Canada et à l'étranger. Certes, en 1864, on assistera au décès de 10 mères sur 242 admissions. Mais l'année suivante, une seule des 246 femmes admises à la maternité est morte en couches, emportée par la fièvre puerpérale. À la même époque, à la maternité de Port-Royal, à Paris, qui hébergea la plus importante école de sages-femmes en France au XIXe siècle, et où les conditions de vie sont tout aussi pitoyables – l'air ne se renouvelle pas, les malades sont entassées et mal nourries, le linge est souillé, etc. –, le taux de décès dus à la fièvre puerpérale des parturientes est sensiblement plus élevé qu'à domicile (de 3 à 8 % en temps normal et jusqu'à 20 %, lors des épidémies)[38].

On remarque aussi qu'à Sainte-Pélagie les causes de décès demeurent inchangées au fil des ans. Typhus, fièvres de tous genres, convulsions, les mêmes maladies frappent les parturientes d'une décennie à l'autre. Bien que les

---
38. Scarlett Beauvalet-Boutouyrie, *Naître à l'hôpital au XIXe siècle*, Paris, Belin, 1999, 432 pages.

diagnostics rapportés par les registraires soient imprécis, une observation attentive indique que plus d'une vingtaine de pensionnaires ne sont pas mortes d'une infection liée directement à la grossesse ou découlant de l'accouchement (tableau 4.3). Ainsi, des 48 femmes décédées, 11 tombèrent victimes du typhus et 3 ont contracté les fièvres typhoïdes. Une souffrait de tuberculose (consomption), une de pneumonie (fluxion de poitrine) et deux ont attrapé la petite vérole. De même, les cas d'inflammation et de dysenterie (inflammation de l'intestin) ne sont habituellement pas reliés à l'état des parturientes.

TABLEAU 4.3
Causes de décès chez les mères de 1847 à 1866

Fièvres (non spécifiées)	16
Fièvres puerpérales	3
Typhus (et choléra)	11
Fièvres typhoïdes	3
Convulsions	3
Inflammation	2
Petite vérole	2
Tuberculose (consomption)	1
Dysenterie	1
Pneumonie (fluxion de poitrine)	1
Accident	1
Empoisonnement	1
Mort subite	1
Cause inconnue	2
Total	48

Source : ASM, *Registre des entrées et sorties de l'Hospice de Sainte-Pélagie*. Données compilées par l'auteure.

Certains diagnostics sont pour le moins mystérieux. Une mère âgée de 24 ans, Esther R., de Saint-Valentin, est morte subitement. Arrivée le 29 mars 1853, elle a accouché d'un garçon le 19 avril. Quarante jours plus tard, le 29 mai, elle décédait. Sur sa fiche, à la case « cause de la maladie », on a tout simplement écrit « subite ». Il pourrait s'agir d'un suicide. Une autre, une Irlandaise dont le nom n'est pas mentionné, et qui était très malade au moment de son admission, le 29 juin 1860, a succombé à un empoisonnement le jour même. Son enfant est mort-né. Quant à Emmelle N., une femme de 36 ans de Saint-Jérôme, elle a subi un accident dont on ignore tout. Enfin, on ne connaît pas la cause du décès de deux pensionnaires, dont celui d'une Irlandaise catholique de 24 ans, Brigit H.

LES FIÈVRES

En fait, seuls les décès attribués aux fièvres puerpérales (3), aux fièvres non spécifiées (16) et aux convulsions (3) peuvent être directement associés à la grossesse ou à l'accouchement.

Il y a de fortes chances pour que les cas de fièvre dont la forme n'est pas précisée soient de nature puerpérale. À la maternité, la fièvre puerpérale a fait ses premières victimes au milieu des années cinquante. Il s'agit d'une infection mortelle habituellement contractée durant le travail de l'accouchement. Apportés de l'extérieur, les germes s'attaquent aux parturientes dans les heures ou les jours suivant leur délivrance. Quels en sont les symptômes? Le docteur René de Cotret, accoucheur à Sainte-Pélagie à la fin du XIXe siècle, décrit les malades comme des «moribondes à la face grippée, en proie à des douleurs atroces continuelles, vomissant incessamment et affligées d'une diarrhée profuse. [...] des moribondes à la respiration accélérée et superficielle par suite de l'énorme distension de l'abdomen». Il ajoute qu'elles perdent «des lochies fétides à l'odeur de gangrène et de pourriture[39]». Des convulsions graves répétées provoquent un coma, puis la mort. Cette dernière précision nous laisse croire que les

---

39. Docteur René E. A. de Cotret, «L'aseptie lors des accouchements», *L'Union médicale du Canada*, vol. 36, 1907, p. 693.

trois décès attribués aux convulsions pourraient bien être des cas de fièvre puerpérale.

Les informations manquent pour déterminer s'il y a eu ou pas contagion parmi les victimes des fièvres. On peut néanmoins le soupçonner en comparant la date des admissions et celle des décès survenus la même année. Arrivée le 24 février 1855, la Montréalaise Laura F., 31 ans, s'éteint des fièvres le 18 avril suivant, en mettant au monde des jumeaux qui ne lui survivront pas. Six jours plus tôt, Marie-Onésime H., 25 ans, également de Montréal, est admise à la maternité. Elle meurt du même mal un mois après, le 16 mai. Son fils Léon lui survit. Marcelline M., 28 ans, s'est présentée à son tour le 20 avril. Le 9 juin, elle accouche d'un enfant mort-né avant de succomber aux fièvres au bout de huit jours. Bien qu'il faille interpréter ces données avec prudence, on note que ces femmes se sont à tout le moins croisées à Sainte-Pélagie.

Il eût été intéressant de savoir si elles ont eu droit aux services du même accoucheur, médecin ou sage-femme. Impossible également de vérifier si elles ont eu des contacts quotidiens entre elles à la maternité et si d'autres pensionnaires atteintes des fièvres ont alors survécu.

Même coïncidence l'année suivante, alors que plusieurs victimes séjournent au même moment à la maternité. Entrée le 24 décembre 1855, Philomène L., âgée de 19 ans, a un enfant le 13 avril et meurt des fièvres le 27 mai. Marie L., 18 ans, d'Arthabaska, admise le 15 janvier 1856, accouche trois mois plus tard, le 24 avril, et décède le 17 mai. Une autre ayant contracté les fièvres, Vitaline B., meurt le 1er juin. Son fils, né trois semaines plus tôt, lui survit.

Par la suite, on enregistre un ou deux décès dus aux fièvres chaque année, ce qui écarte toute probabilité de contagion. Une nouvelle série de décès se produit à partir de 1864, l'année la plus meurtrière avec 10 décès, dont quatre attribués aux fièvres. Or, les 23 et 25 janvier, deux pensionnaires, Bridgit M. et Marie C., sont mortes des fièvres (l'une puerpérale, l'autre de nature non spécifiée), après avoir passé 20 jours ensemble à la maternité. Un mois après, le 27 février, une autre femme, Mary M., mourra à son tour des fièvres.

LE TYPHUS ET LA PETITE VÉROLE

Deuxième cause de décès, le typhus est présent durant toute la période qui nous intéresse, mais contrairement à ce qu'on pourrait croire, jamais à l'état épidémique. Appelé communément fièvre des bateaux, il apparaît là où règne la famine et est fréquemment diagnostiqué dans les prisons. Il s'agit d'une maladie infectieuse transmise à la faveur du manque d'hygiène. Le fichier a répertorié onze cas qui lui seraient attribuables, auxquels il faut ajouter les trois décès dus aux fièvres typhoïdes, ce qui représente 29 % de tous les décès. Une des victimes a succombé le lendemain de son arrivée et deux autres moins d'une semaine plus tard. Par conséquent, elles n'ont probablement pas contracté le mal à Sainte-Pélagie.

Pendant l'épidémie de 1847, une seule jeune femme est morte, Christine M., 22 ans, de Sainte-Marie-de-Monnoir. Entrée le 28 juin, elle est décédée le 22 août.

Quatre pensionnaires ont été emportées par le typhus au cours des premiers mois de l'année 1864; trois d'entre elles vivaient à Montréal et la quatrième était originaire de Lavaltrie. Comme deux de ces femmes sont mortes le même jour et les autres, à un mois d'intervalle, il peut s'agir d'un bref épisode de contagion. Les autres cas sont survenus de manière isolée et la plupart des victimes ont séjourné à la maternité environ un mois avant de rendre l'âme.

Deux des trois pensionnaires atteintes des fièvres typhoïdes ont perdu la vie à 50 jours d'intervalle, l'une en janvier, l'autre en février 1857. Ces deux femmes, une Montréalaise et une Québécoise, se sont croisées à Sainte-Pélagie à la fin du mois de décembre. Rappelons que cette maladie infectieuse est provoquée par un agent microbien provenant de l'eau ou des aliments. La plupart du temps, le manque d'hygiène et la présence de mouches sont en cause. Les deux cas de petite vérole sont si rapprochés qu'il peut y avoir eu transmission. Cette maladie épidémique est caractérisée par une éruption de boutons qui peuvent entraîner des complications cardiaques. Une Ontarienne de 16 ans et une Anglo-Montréalaise originaire de Bristol, admises respectivement en octobre et en novembre 1863, en sont mortes, l'une le 10 et l'autre le 30 novembre de la même année.

Y A-T-IL DES COUPABLES ?

L'Hospice de Sainte-Pélagie n'a certes pas été le théâtre d'une épidémie meurtrière de fièvres ou de typhus, encore moins d'une hécatombe, comme il s'en est produit dans divers établissements de santé de l'époque, en Europe ou aux États-Unis. Une question demeure : le taux de mortalité chez les mères est-il plus élevé sous la pratique des étudiants en médecine qu'au temps des sages-femmes ? De fait, 47 des 48 décès répertoriés dans le *Journal des pénitentes* sont survenus entre le 1er janvier 1851, date de l'admission des étudiants en médecine à la maternité, et le 12 février 1866. Le seul autre cas concerne une victime du typhus en 1847. Il faudra attendre 1854 avant que deux femmes meurent de convulsions (sans doute liées aux fièvres) et 1855 avant que trois autres soient frappées par les fièvres.

Le tableau 4.4 qui présente la répartition dans le temps du décès des mères montre que, jusqu'en 1862, la maternité n'a déploré que une à trois victimes chaque année. En 1863 et en 1864, on assiste à une remontée sensible de la mortalité avec 18 morts. C'est justement à ce moment-là que la supérieure a écrit une lettre dévastatrice à l'évêque pour le sensibiliser au problème. Il est cependant hasardeux d'établir, sur la foi d'un seul témoignage, un lien entre la présence des jeunes médecins et la mort de ces parturientes. Si, pour ces deux années, on exclut les six décès dus au typhus et les deux dus à la petite vérole, ainsi

TABLEAU 4.4
Répartition annuelle des décès des mères

Année	Admissions	Décès	Causes
1847	7	1	Typhus
1851	93	2	Typhus (2)
1853	88	1	Mort subite
1854	105	2	Convulsions; choléra/typhus
1855	98	4	Fièvres (3); consomption
1856	136	3	Fièvres (3)
1857	123	3	Fièvres typhoïdes (2); cause inconnue
1858	131	2	Fièvres (2)
1859	155	2	Fièvres; convulsions
1860	170	3	Typhus; empoisonnement; fièvres
1861	190	2	Inconnue; convulsions
1862	202	1	Fièvres
1863	242	8	Petite vérole (2); fièvres; fièvres typhoïdes; fluxion de poitrine; typhus; inflammation; dysenterie
1864	242	10	Typhus (4); fièvre puerpérale; fièvres (3); inflammation; accident
1865	246	1	Fièvre puerpérale
1866	33	3	Fièvres; fièvre puerpérale; typhus

Source : ASM, *Registre des entrées sorties de l'Hospice de Sainte-Pélagie*. Données compilées par l'auteure.

que celui causé par un accident, on s'aperçoit qu'il ne reste plus que neuf cas à expliquer, dont cinq reliés aux fièvres (un en 1863 et quatre en 1864). On observe également qu'en 1862 il n'y eut qu'une victime des fièvres, comme aussi en 1865. Et ce, alors que le nombre d'accouchements n'a cessé d'augmenter. En effet, il faut noter que le nombre d'accouchements s'est considérablement accru à Sainte-Pélagie après 1862. En conséquence, on peut difficilement accréditer la thèse voulant que les médecins soient tenus pour responsables des décès. D'abord parce qu'on ignore qui, du médecin ou de la sage-femme, a procédé aux accouchements jusqu'à ce que l'interdit de pratique soit prononcé. Ensuite parce que les circonstances de ces décès ne sont pas suffisamment documentées. Le fichier montre que leur nombre augmente au fur et à mesure que la clientèle s'accroît, ce qui se produit alors dans toutes les cliniques.

À lire les récits des pionnières, on découvre que la maladie grave, voire la mort, revêt un caractère de fatalité qui appelle à la résignation et à la prière. En effet, leurs observations, à la fois naïves et superstitieuses, mais tout à fait conformes à la religiosité de l'époque, laissent croire que les soignantes se résignent devant l'inévitable. Elles se préoccupent surtout de l'âme des moribondes. Conscientes des risques de contagion, elles ont cependant soin d'isoler la malade dans une pièce à l'écart des autres, généralement dans le bureau de l'aumônier. Quant aux soins à lui donner pour la soulager, tout indique que l'eau bénite est une panacée. Avélina Paquin raconte sans la nommer la mort d'Éloïse B., l'une des victimes du typhus. Admise le 9 septembre 1851, elle a donné naissance à un enfant mort-né. Le 13 octobre, elle décédait :

> Elle tomba malade du typhus, et quand elle vint pour mourir, elle était agitée d'une manière extraordinaire, et semblait parler avec une grande précipitation, mais nos sœurs n'y comprenaient rien. C'était une belle journée il faisait un temps bien calme et cependant nos sœurs entendaient par secousse un

bruit qui faisait branler le plancher et les châssis de la chambre où était cette pauvre malade isolée. Nos sœurs priaient et jetaient de l'eau bénite, mais elle mourut sans avoir recouvré la parole[40].

La chroniqueuse parle ensuite d'une autre mourante probablement atteinte des fièvres typhoïdes qui, dans son délire et ses hallucinations, avait l'impression qu'on la criblait de coups : « Elle disait qu'elle voyait le démon et qu'il voulait l'étouffer parce qu'elle n'avait jamais fait que des communions sacrilèges : elle ne voulait pas qu'on la quittât et disait souffrir une espèce d'enfer. Une de nos sœurs lui mit son chapelet au cou, fit des prières et jeta de l'eau bénite autour d'elle[41]. »

Une fille fiévreuse et tourmentée qui « parlait mal à faire horreur » voulut un jour qu'on lui dépose quelques gouttes d'eau bénite sur sa langue, ce que la sœur fit. Aussitôt, « elle se mit à écumer et à se gratter la langue en demandant ce qu'on lui avait mis. Elle se débattit tellement, peu avant de mourir, qu'elle jeta par terre la planche du pied du lit de sa couchette[42] ».

Le coup fatal porté par Mgr Bourget

À l'Hospice de Sainte-Pélagie, la lutte opposant les sages-femmes aux médecins s'est terminée en 1865, lorsque les sages-femmes de la maternité ont perdu le droit d'accoucher les femmes enceintes. Dès lors, les médecins ont obtenu le plein contrôle médical de l'institution. C'est Mgr Bourget qui a porté le coup fatal.

Résumons les faits : en 1862, les autorités médicales ont réclamé de l'évêque de Montréal qu'il fasse cesser les accouchements assistés par les sœurs à domicile, c'est-à-dire à l'extérieur de la maternité de Sainte-Pélagie. Le prélat a cédé à leur demande. Dès lors, les religieuses sages-femmes n'ont eu d'autre choix que de se résigner. Justine Filion

---
40. Avélina Paquin, *op. cit.*, p. 67.
41. *Ibid.*, p. 80-81.
42. *Ibid.*, p. 96.

confie qu'elles en furent chagrinées : « Monseigneur nous dis le bon Dieu le voulait dans ce temps là, aujourd'hui il ne le veut plus. Soyez tren-quil. [...] Celles qui nous faisaient de la peine, ce sont les pauvres femmes qui sont si souvent delessés et abandonnées[43]. »

Peu après, les médecins sont revenus à la charge et, en 1865, Mgr Bourget a obligé les sœurs à cesser leurs accouchements à la maternité même, rue Lagauchetière. Il y a tout lieu de croire que l'évêque songeait à cette éventualité depuis un certain temps. Déjà, en 1853, sous la pression du corps médical, il avait remis en question le quatrième vœu des sœurs d'« assister les filles et les femmes dans leurs maladies ». L'évêque avait alors suggéré à celles-ci de confier cette tâche aux Madeleines, qui n'étaient pas de véritables religieuses. Mais Rosalie Jetté et quelques-unes de ses consœurs, sachant que ces Madeleines voulaient aussi faire des vœux, avaient exprimé leurs réticences et Mgr Bourget avait abandonné l'idée[44].

Le 31 mai 1865, Rome, sous le pontificat de Pie IX, interdit définitivement aux Sœurs de Miséricorde d'accoucher les femmes enceintes tant à la maternité qu'à domicile. Si l'on en croit l'aumônier de la communauté, l'abbé Gédéon-Hubald Huberdeault, la Congrégation des évêques trouvait indécent et répugnant qu'une religieuse consacrée par vœu et portant l'habit pratique des accouchements et donne des soins intimes aux femmes. Les sœurs recevront peu après une copie de la réprobation romaine[45].

Il y eut chez les religieuses un peu de résistance, mais l'aumônier y mit rapidement fin, comme le raconte la nouvelle supérieure, mère Marie-de-la-Miséricorde (Marie Perras) :

> Quelques-unes, par un zèle malentendu, tenaient à continuer le pénible métier. Mr Huberdeault, dans

---

43. Justine Filion, *op. cit.*, p. 45-46.
44. Avélina Paquin, *op. cit.*, p. 76-77.
45. L'original de ces animadversions est conservé aux ACAM. 525.109/866-14.

des avis qu'il donna aux sœurs assemblées se servit de termes forts et humiliants pour leur faire comprendre combien cette manière d'agir était ravalante et indigne de l'état saint dont nous faisons profession, et il fit discontinuer le soin des malades[46].

L'abbé Huberdeault les avise que, si elles persistent à pratiquer des accouchements, la Congrégation des évêques et des cardinaux supprimera leur ordre. À compter de cette date, les sages-femmes cessent de mettre au monde les enfants de leurs pensionnaires. La maternité déménagera dans une maison séparée de celle des Sœurs de Miséricorde.

L'interdiction est sans appel. Et pourtant, quelques mois plus tard, Mgr Bourget demandera à son auxiliaire, le chanoine Édouard-Charles Fabre, d'écrire à la supérieure des Sœurs de Miséricorde pour lui demander d'envoyer une des sages-femmes de Sainte-Pélagie chez une dame enceinte afin qu'elle l'assiste dans son accouchement :

> Vu les circonstances exceptionnelles où se trouve Mme Mercier, écrit le chanoine, le 4 octobre 1866, Mgr de Montréal vous permet de laisser vos sœurs lui rendre les services demandés. Que la chose soit secrète cependant. Il paraît que c'est sœur Marie-de-Bon-Secours (Sophie Bibeau) qui est désirée par la malade[47].

Ironie de cette histoire pathétique, Rosalie Jetté et ses sages-femmes étaient devenues religieuses pour sauver leur œuvre auprès des mères célibataires. Or, c'est précisément parce qu'elles ont pris le voile que l'évêque les a ensuite privées de leur droit de les accoucher.

Pourtant, comme on l'a vu, le bilan des sœurs accoucheuses est excellent. On peut même s'étonner qu'il y ait eu si peu de décès – 48 mères et 85 enfants sur 2 282 accouchements s'échelonnant sur 21 années –, à une

---

46. *Ibid.*, p. 57.
47. Lettre du chanoine Édouard-Charles Fabre à sœur Marie-de-la-Miséricorde, supérieure, ASM, A-2/11.

époque où bon nombre de femmes mouraient en couches, entraînant souvent dans la tombe leur nouveau-né.

Peut-on conclure en se basant sur ce faible taux de mortalité à Sainte-Pélagie que les sages-femmes qui y pratiquaient avaient de meilleures habitudes d'hygiène que les étudiants en médecine? Rien ne nous permet de l'affirmer, bien qu'il ne soit pas vain de rappeler que les sages-femmes ont une expérience millénaire de l'accouchement.

L'attitude des médecins qui ont écarté les sages-femmes de la maternité pour s'approprier l'obstétrique a laissé des cicatrices chez les Sœurs de Miséricorde, comme on peut le constater en lisant la *Positio* : « Les étudiants faisaient fi des recommandations et des observations des sœurs, pourtant mieux préparées et plus expérimentées qu'eux en matière d'hygiène et en obstétrique[48] », soulignent les religieuses en évoquant la mort due aux fièvres de 13 filles dans les jours et les heures qui ont suivi leur accouchement, entre 1855 et 1864. Elles s'appuient notamment sur la lettre de mère Sainte-Jeanne-de-Chantal au secrétaire de Mgr Bourget, écrite le 24 février 1861, et dont j'ai longuement parlé précédemment[49].

Elles ne sont pas les seules à croire que l'intrusion des médecins en obstétrique a déclenché au XIXe siècle une épidémie de fièvre puerpérale. Selon l'historienne Hélène Laforce, les femmes pauvres ont servi de cobayes humains dans les premières maternités. Le collectif Clio répète la même accusation dans *L'histoire des femmes au Québec depuis quatre siècles* : « Les femmes admises dans certaines maternités affiliées à des universités servent alors de cobayes pour les cours d'obstétrique[50]. » Le collectif affirme que « seules les femmes "déchues", des mères célibataires et

---

48. *Positio, op. cit.*, vol. 1, p. 248.
49. Une copie de cette lettre est présentée en annexe (appendice B).
50. Hélène Laforce, *Histoire de la sage-femme dans la région de Québec*, Québec, Institut québécois de recherche sur la culture, 1985, p. 76-77.

des femmes vivant dans une extrême pauvreté, accouchent dans les maternités [...] lieux d'apprentissage pour les étudiants en médecine ». Il précise qu'il « est cependant plus risqué d'accoucher à l'hôpital, car le taux de mortalité en couches y est plus élevé qu'à domicile » :

> C'est que les hôpitaux sont un lieu privilégié de transmission de la fièvre puerpérale, dont les origines ne seront pas connues avant 1879. Les hôpitaux ayant pris des mesures pour limiter la propagation de la maladie, ils deviennent ensuite plus sécuritaires et on voit même des femmes proches des milieux médicaux commencer à vanter les mérites d'une naissance en milieu hospitalier. Pour faire valoir leurs convictions, elles vont accoucher à l'hôpital. À la fin du siècle, le terrain est prêt pour sortir les naissances des familles[51].

À mon avis, l'affirmation portant sur les « cobayes » reste à prouver, car elle sous-entend l'intention de se servir délibérément des femmes pauvres pour se livrer à des expériences. En réalité, il ne semble pas que ces femmes aient plus servi de sujets d'expérience que les femmes de milieu aisé. En ces temps reculés, la médecine doit faire face aux maladies infectieuses qu'elle soigne de manière inadéquate. Certains traitements peuvent même s'avérer nocifs et les interventions chirurgicales se pratiquent souvent dans des conditions difficiles. L'obstétrique, qui en est encore à ses premiers balbutiements, n'échappe pas à la règle.

Dans ce contexte, il paraît évident qu'au milieu du XIXᵉ siècle, les grands malades, hommes ou femmes, et pas seulement les parturientes, font les frais d'une science imprécise aux techniques parfois douteuses, une médecine qui ignore les ravages du manque d'hygiène et d'asepsie. Les parturientes comme la plupart des opérés ont effectivement permis à bon nombre de médecins d'acquérir de l'expérience. Ce fut le prix à payer pour que la science évolue.

---

51. Le collectif Clio, *op. cit.*, p. 183. Voir aussi Hélène Laforce, *op. cit.*, p. 76.

CHAPITRE V

LES DERNIÈRES ANNÉES DE ROSALIE

Rosalie Jetté n'est pas au bout de ses peines. La fin des années 1850 et le début de la décennie suivante sont aussi marqués par des conflits au sein de la communauté qu'elle a fondée. Au fur et à mesure que l'Hospice de Sainte-Pélagie grandit, de graves difficultés se font sentir au niveau de la direction de l'œuvre, ainsi que dans les relations des religieuses entre elles. Ézilda Pion, qui a vécu avec Rosalie à partir de 1852, se rappelle que celle-ci s'en inquiétait : « Elle trouvait qu'il n'y avait pas assez de charité dans la maison et disait que la maison ne serait pas bénie et ne pourrait pas marcher si l'on continuait ainsi[1]. »

De 1846 jusqu'à la mort de Rosalie Jetté, en avril 1864, le noviciat a accueilli 98 aspirantes à la vie religieuse (tableau 5.1). De ce nombre, 48 ont renoncé à prononcer leurs vœux et 1 est décédée. À cette date, il restait donc 49 religieuses ou novices au sein de la communauté. Peu nombreuses au début – 15 ou moins par année – pour accomplir l'énorme tâche qui les attend, leur nombre oscillera entre 23 et 44 à partir du milieu des années 1850, alors que la cohorte de pensionnaires ne cesse de grossir et finit par atteindre 242 en avril 1864.

Portrait des effectifs religieux

Six veuves âgées de 34 à 51 ans se sont jointes à Rosalie Jetté au début de l'œuvre. Aucune autre ne s'est présentée après la fondation de la communauté. Sans doute

---

1. Ézilda Pion (sœur Sainte-Agnès-de-Jésus), ASM, H-1.1, n° 13.

quelques-unes de ces femmes d'âge mûr ne souhaitaient-elles pas entrer en religion[2]. Toutes les novices qui sont venues après 1846 sont célibataires. Ces dernières ont entre 13 et 36 ans à leur arrivée. La majorité d'entre elles n'ont pas encore 30 ans au moment d'entreprendre leur noviciat. Et 26 ont 20 ans ou moins[3].

TABLEAU 5.1
Profil des aspirantes au noviciat

Année	Entrées	Sorties	Décès	Âge	Statut	Total
1845-1846	4	0	0	28 à 51	2 veuves, 2 célibataires	4
1846-1848	16	5	0	21 à 51	6 veuves 10 célibataires	11
1849	3	1	0		célibataires	13
1850	0	0	0		"	13
1851	3	3	0		"	13
1852	0	0	0			13
1853	4	2	1		"	14
1854	3	2	0		"	15
1855	9	5	0	17 à 36	"	19
1856	7	3	0	19 à 32	"	23
1857	4	1	0	16 à 21	"	26
1858	3	2	0	14 à 23	"	27
1859	4	1	0	19 à 26	"	30
1860	11	7	0	13 à 36	"	34
1861	10	10	0	15 à 28	"	34
1862	6	4	0	18 à 34	"	36
1863	9	2	0	14 à 24	"	43
1864	2	0	1	17 à 22	2 célibataires 1 veuve	44
Total	98	48	2			44

Source : ASM, « Statistiques concernant les Sœurs de Miséricorde », Synthèse chronologique du dossier de Rosalie Cadron-Jetté dite mère de la Nativité, tome VII, p. 122. Données compilées par l'auteure.

---

2. Positio. Dossier sur les vertus et la renommée de sainteté, vol. 1, Rome, 1994, p. 112.
3. Synthèse chronologique du dossier de Rosalie Cadron-Jetté dite mère de la Nativité, op cit., p. 122.

Avant d'aborder la question des relations tendues au sein de la congrégation religieuse, il importe de se demander si les femmes qui se sont jointes à Rosalie Jetté dans cette aventure que constitue la mise sur pied d'une maternité pour les filles-mères avaient réellement la vocation. L'historienne Marta Danylewycz, qui s'est interrogée sur le sens de la vocation des Sœurs de Miséricorde, a conclu que leur entrée en religion était plus un choix de carrière et une solution de rechange au mariage qu'un appel de Dieu ou un goût marqué pour la vie en communauté. Rejetant l'explication voulant que la recrudescence de vocations religieuses chez les Québécoises de l'époque soit attribuable au désir de se conformer à la volonté divine, elle croit plutôt que la société québécoise ne sait que faire des « femmes qui ont le malheur de demeurer célibataires ». L'appel de Dieu peut constituer une solution au problème[4]. Dans cette communauté improvisée, les aspirations religieuses auraient souvent été bien secondaires, du moins au début.

Il ne fait aucun doute que la fondatrice de la communauté des Sœurs de Miséricorde était très pieuse et qu'elle a manifesté sa vie durant le désir que la volonté de Dieu soit faite. Cependant, comme on l'a vu précédemment, si elle a accepté de fonder une maison pour accueillir les mères célibataires dans le besoin, elle n'a jamais eu l'intention de se faire religieuse, encore moins de diriger une communauté. Dans son *Portrait d'une vraie sœur de Miséricorde* écrit en 1880, Mgr Bourget dit de sa protégée : « Elle était petite à ses propres yeux, et se regardait comme incapable et indigne de fonder une communauté. [...] Elle se vit méprisée, rebutée et abandonnée des personnes qui lui étaient les plus chères, sans se laisser abattre ni décourager, car au milieu des plus

---

4. Marta Danylewycz, *Profession : religieuse. Un choix pour les Québécoises, 1840-1920*, Montréal, Boréal, 1988, p. 106.

grandes épreuves, elle conservait son âme dans la patience, en disant : Dieu le veut[5]. »

En 1845, lorsque Rosalie commence à accueillir chez elle toutes les filles-mères que l'évêque lui envoie, l'un de ses premiers gestes est de s'associer une veuve de 50 ans, Sophie Desmarêts. L'année suivante, peu après le déménagement de l'œuvre naissante rue Wolfe, la sage-femme attitrée de la maternité, Geneviève Salois, également veuve, se joint aux deux pionnières, en même temps que deux célibataires, Élizabeth Tailleur, dont on ignore l'âge, et Lucie Benoît, qui a alors 28 ans. Comme le noviciat n'existe pas encore, on peut croire que ces femmes s'attachent à la maternité d'abord pour « assister les filles et les femmes dans leurs maladies », selon la formule de l'époque. Ce serait donc le métier de sage-femme ou le désir de venir en aide aux mères célibataires dans le besoin qui les motive.

Les choses changent par la suite. Après l'ouverture du noviciat, en juillet 1846, jusqu'à la fondation de l'Institut des Sœurs de Miséricorde, en janvier 1848, onze recrues rejoindront le premier noyau des Dames de Sainte-Pélagie. Bien qu'aucune n'ait encore prononcé ses vœux, elles sont tenues de suivre le règlement strict imposé par Mgr Bourget sous la supervision d'un directeur aumônier. Incapables de s'adapter, plusieurs quitteront le noviciat, de sorte qu'elles ne seront plus que huit au moment de la prise d'habit.

Il en est ainsi de Marie-Amable Doyon, veuve de Charles Smalwood, arrivée le 8 octobre 1846. Dans les notes qu'il a laissées, l'abbé Rey explique son départ, le 16 novembre suivant : « [Mme Smalwood] a été appelée dans sa famille pour remédier par son autorité à quelque chose dont on se plaignait. Une fois chez elle, elle a réfléchi et jugé qu'elle ferait mieux de demeurer auprès de son

---

5. Ignace Bourget, *Portrait d'une vraie sœur de Miséricorde*, ASM, A-2/34.

fils pour le diriger par ses conseils, que d'aller vivre en communauté[6]. » À propos d'Élizabeth Tailleur arrivée en mai 1846, l'aumônier dira qu'elle a quitté l'hospice en février 1847 « pour défaut d'aptitude pour cet institut ». Elle semble être demeurée en bons termes avec ses ex-compagnes puisque, le mois suivant, celles-ci lui confient une jeune femme de 22 ans, Marie B., qui vient d'accoucher de jumelles. Mademoiselle Tailleur l'accueille chez elle à sa maison de la rue Visitation, à Montréal.

Pour expliquer le départ d'Eugénie Brouillette, arrivée le 27 juillet 1847 et repartie le 27 novembre de la même année, l'abbé Rey dira qu'elle est « peu apte à répondre à la fin de l'œuvre[7] ».

Après la première prise d'habit, aucune veuve ne s'associera à Rosalie Jetté. Seules des célibataires de moins de 25 ans, généralement d'origine modeste, voudront devenir Sœurs de Miséricorde. Ces femmes deviendront religieuses en toute connaissance de cause puisqu'elles devront d'abord faire un noviciat destiné à vérifier si elles peuvent s'acclimater à cette existence de prière, de labeur et de privations. Il arrive parfois que, éprouvant de la difficulté à répondre aux exigences de la vie religieuse, des novices quittent le couvent pour y revenir plus tard. Ainsi, Célina Nadeau, entrée à 17 ans, en septembre 1862, puis repartie peu après, revient définitivement en février 1863[8]. Même chose pour Césarie Gaulin, admise à 21 ans, en septembre 1862, et qui, ne croyant pas avoir la vocation, part cinq mois plus tard, mais réapparaît en août de l'année suivante. La palme de la persévérance appartient à Joséphine Provençal. Novice à 28 ans, en 1864, elle retourne chez elle au bout de deux semaines

---

6. Abbé Antoine Rey, *Mémoires sur l'origine et les progrès de l'établissement de Sainte-Pélagie à Montréal*, 1re partie, ASM, B-8, V1120, 19, p. 8.
7. *Ibid.*, p. 10.
8. Témoignage de Célina Nadeau (sœur Saint-Zotique), ASM, A-11/19.

parce qu'elle s'ennuie trop. Réadmise un an après, elle n'est pas acceptée comme novice, mais peut demeurer à titre d'employée laïque. Vu son dévouement, elle finira par être admise au noviciat l'année suivante[9].

Parmi les très jeunes novices, certaines pourraient bien avoir été accueillies dans la communauté non pas d'abord parce qu'elles avaient la vocation, mais parce qu'elles y avaient de la famille. De santé fragile au moment de son arrivée, Mathilde Gaboriau, qui a seulement 13 ans, est la nièce de mère Sainte-Jeanne-de-Chantal. Sa vie durant, elle occupera des fonctions de lingère, de cuisinière, de buandière et de sacristine. Il en est de même pour Célina Pion, autre parente de la supérieure, qui arrive au noviciat à 15 ans à peine. Elle aussi est apparemment très délicate.

De fait, chez les Canadiennes, les vocations religieuses connaissent un essor au milieu du XIXe siècle. L'historienne Marta Danylewycz présente deux « hypothèses contradictoires ». D'abord, au Canada français, les communautés ont représenté la solution au problème des femmes en surnombre. Citant les travaux du sociologue Bernard Denault, elle écrit :

> La société québécoise est incapable d'intégrer en son sein les femmes qui ont le malheur de demeurer célibataires. Pour ces femmes, la seule chance de se racheter est de devenir les épouses du Christ et de se placer sous l'autorité des prêtres, qui seraient en quelque sorte leurs « maris par subrogation » sur cette terre[10].

Marta Danylewycz avance ensuite sa propre hypothèse : les couvents ont pris de l'expansion « en fonction des aspirations intellectuelles et sociales des femmes ». Il s'agirait là de « la manifestation d'un féminisme naissant[11] ». Arrivée l'une des premières à l'Hospice de Sainte-Pélagie,

---

9. Ces renseignements sont tirés des 39 témoignages écrits de 50 des sœurs de Miséricorde, recueillis en 1879 et 1880.
10. Marta Danylewycz, *op. cit.*, p. 106.
11. *Ibid.*, p. 106.

en 1846, Lucie Benoît a laissé un manuscrit dans lequel elle expose ses motivations :

> Depuis longtemps, écrit-elle, j'éprouvais dans le fond de mon âme le désir de me consacrer à Notre Seigneur qui dans son infinie bonté, daigne se faire l'Époux des Vierges chrétiennes, mais je ne savais pas où Dieu me voulait. J'étais alors Dame de Charité c'est-à-dire je visitais les malades et leur faisais l'aumône autant que les moyens de mes parents le permettaient[12].

C'est la veuve Raymond, sage-femme à la maternité, qui lui suggère d'entrer au noviciat. Auparavant, Lucie Benoît consulte l'évêque de Montréal :

> Mgr me permit d'entrer, mais il dit qu'il ne pensait pas que je puisse rester [mots raturés : avec des vieilles comme] en effet durant ma première semaine j'ai trouvé cela bien dur tellement que j'ai fait mon paquet trois fois pour partir[13].

Vouloir offrir sa vie à Dieu est une chose, accepter d'accoucher des femmes enceintes en est une autre. En novembre 1847, lors de la retraite préparatoire à la profession religieuse, juste avant de prononcer leurs vœux de pauvreté, de chasteté et d'obéissance, les premières novices décident du sens que prendra leur vocation. Tout bien pesé, elles accoucheront elles-mêmes leurs pensionnaires, car elles ne veulent pas de gens de l'extérieur à la maternité, sauf les médecins[14].

La décision de former un corps de sages-femmes ne fait pas l'affaire de toutes. Dans une maison aux cloisons peu étanches, la promiscuité avec des femmes qui accouchent de jour comme de nuit en incommode plus d'une. Celles qui dorment ou travaillent dans la pièce voisine ont

---

12. Lucie Benoît (sœur Sainte-Béatrix), ASM, A-11/52.
13. *Ibid.*
14. Justine Filion, *Mémoires sur l'origine et les progrès de l'établissement de Sainte-Pélagie à Montréal*, 2e partie, ASM, B-8 V1260, 19, p. 42.

l'impression d'assister au travail des filles[15]. Certaines éprouvent du dégoût à l'idée d'étudier l'art d'accoucher et surtout de vivre dans une telle intimité avec d'autres femmes. N'ayant pas connu l'expérience de l'enfantement, ces célibataires ressentent un malaise à la vue du corps des parturientes et à l'idée de les toucher, ce qui trouble leur conscience : « La répugnance que nous éprouvions affaire cette étude quelle tirait des larmes de quelques unes parce que la majoritez de celles qui étudiaient n'avait pas été mariées[16]. » Quelques-unes demandent à être libérées de leur noviciat et quittent l'hospice.

Les novices qui ont persévéré, qu'elles aient choisi cette voie pour s'offrir à Dieu ou par besoin d'assurer leur sécurité matérielle, ont manifesté une endurance remarquable. « Les corvées quotidiennes exigeront d'elles beaucoup de force morale et d'abnégation », constate Marta Danylewycz, avant de préciser que « la réprobation populaire entourant leur travail aggrave encore les difficultés matérielles auxquelles se heurte la communauté nouvellement établie[17] ». Les confidences des religieuses indiquent en effet qu'elles n'avaient pas prévu être l'objet de mépris et de méchanceté, ni qu'on les rejetterait cruellement parce qu'elles accueillaient chez elles des pécheresses. D'où les malaises et insatisfactions au sein de la communauté.

Le climat est loin d'être à la charité chrétienne, et les problèmes de direction et d'administration auxquels se heurtent les Sœurs de Miséricorde à leurs débuts accentuent les difficultés. Marta Danylewycz souligne que « la communauté manque de cohésion et de focalisation sur son objectif » :

> Dans la plupart des ordres religieux, ces éléments, qui sont si nécessaires au bon fonctionnement de toute organisation, sont généralement assurés par la

---

15. *Ibid.*, p. 22, 26-27.
16. *Ibid.*, p. 44.
17. Marta Danylewycz, *op. cit.*, p. 109.

présence de la femme qui a conçu l'idée première de la fondation et qui l'a portée en son sein et en son esprit. […] Mais dans le cas des Sœurs de la Miséricorde, il semble que, parmi la poignée de femmes qui en constituent le noyau initial, aucune ne soit en mesure d'unifier les sources très diverses desquelles avait jailli l'idée de fonder un ordre consacré à la rééducation des mères célibataires[18].

Supérieure la première année (du 6 novembre 1847 au 6 novembre 1848), Rosalie Jetté est écartée et, dès janvier 1849, sœur Sainte-Jeanne-de-Chantal prend les commandes. Celle-ci, Josephte Malo, veuve d'Alexis Galipeau, s'est associée aux Dames de Sainte-Pélagie en 1846. Elle a alors 47 ans et, dès son arrivée, s'impose par son sens de l'organisation et son autorité. On se rappellera qu'elle fait bon ménage avec le directeur aumônier, le chanoine Venant Pilon, qui la choisit pour occuper le poste de supérieure du noviciat. Étant donné la pauvreté des lieux, il semble que les biens matériels qu'elle a apportés avec elle à l'hospice ne soient pas étrangers à son prestige, comme en témoigne Avélina Paquin : « Quelques sœurs n'aimaient pas à reconnaître le titre de fondatrice à Mère de la Nativité [Rosalie Jetté], l'attribuant plutôt à Mère Sainte-Jeanne-de-Chantal, vu qu'elle avait apporté quelque bien à la maison[19]. »

LE RÈGNE DE MÈRE SAINTE-JEANNE-DE-CHANTAL

Sous mère Sainte-Jeanne-de-Chantal, les affaires de la communauté semblent s'améliorer puisque les Sœurs de Miséricorde deviennent propriétaires. En effet, après avoir été trois fois locataires – rue Saint-Simon, rue Wolfe et rue Sainte-Catherine –, elles acquièrent, en 1851, deux

---

18. Marta Danylewycz, *op. cit.*, p. 99, 101.
19. Avélina Paquin, *Origine de l'Hospice de Sainte-Pélagie érigé à Montréal sous la direction des Sœurs de Miséricorde, 1879-1880*, ASM, J-1.1/II, p. 7-8.

maisons situées au coin des rues Campeau (Saint-André) et Lagauchetière.

Justine Filion se souvient avoir admiré entre les planches d'une clôture brisée ce terrain que les religieuses convoitaient. Il avait été saisi par le shérif et, peu avant qu'il soit mis aux enchères, elle s'est rendue chez M. Berthelet pour implorer son aide afin de l'acheter. Celui-ci prit sur lui de convaincre Mgr Bourget qui était sur le point de partir en voyage :

> Mr Berthelet le vint trouver sur le bateau à vapeur ; alors Mgr le chargea d'acheter en son nom ce terrain. C'est ce qu'il fit, et la communauté remit peu à peu à l'Évêché ce qu'il avait déboursé pour cet achat. [...] Tout le monde se mit en prières quand ce terrain se vendit le jour du 13 mai 1851. M. Berthelet fut le plus offrant. Il en fit l'acquisition au nom de Mgr Bourget pour la somme de 2 500 piastres. Nos sœurs achetèrent peu après d'autres morceaux de terre qui en augmentèrent la grandeur, et rendirent possible l'expansion de l'œuvre[20].

Les deux maisons, l'une en briques, l'autre dont on dit qu'elle était grise sans préciser si elle était de bois, nécessitent d'importantes réparations. Il en est de même pour le mobilier. Mère Sainte-Jeanne-de-Chantal, à peine guérie du typhus, obtient l'aide de bienfaiteurs et d'ouvriers pour effectuer la réfection. Mais c'est Justine Filion qui fait le gros du travail, comme elle le mentionne dans ses mémoires (on se souviendra qu'elle parle d'elle à la troisième personne du singulier) :

> Il y avait une sœur qui travaillait de la menuiserie ; cela était bien nécessaire dans ces temps de pauvreté. Elle faisait des tables, des armoires, des bureaux en table et en pupitre pour écrire (avec un grand « S » et les noms de Marie, Joseph en lettres de bois), un bas de lit, des bancs pour les pénitentes et pour la buanderie, des cadres pour devants d'autel, des chandeliers, des croix avec ou sans pied, un pied pour le cierge pascal,

---

20. Justine Filion, *op. cit.*, p. 62.

etc. elle faisait des cloisons en bois, en lattes, des foyers en brique, des brouettes, des ailettes de rouets pour filer; en un mot tout ce qui était nécessaire au dedans comme au dehors de la maison[21].

La petite maison construite rue Sainte-Catherine pour les étudiants en médecine et qui servait de salle d'accouchement et d'infirmerie est transportée et placée dans le pignon de la maison de briques. Les religieuses et leurs pensionnaires emménagent en décembre 1851. Au rez-de-chaussée, il y a le parloir, le bureau du prêtre, le local de la communauté, le réfectoire et la cuisine. À l'étage se trouvent la chapelle, le dortoir des sœurs et le séjour des pensionnaires. Enfin, le dortoir de ces dernières est aménagé au dernier étage. La maison grise est réservée aux pensionnaires privées, aux servantes et aux novices. À peine installées, les sœurs – elles sont alors 13 – songent à un nouvel agrandissement, vu le nombre croissant d'admissions. Cette année-là, il y en a eu 93, dont 86 provenant du Québec (tableau 5.2). On note une nette augmentation des très jeunes filles. En effet, les pensionnaires âgées de 13 à 17 ans passent de 3, en 1848, à 13 en 1851. Cette même année, le typhus fait deux victimes à la maternité, l'une en mai, l'autre en octobre.

Les travaux d'agrandissement prévus par la supérieure seront cependant retardés à cause du terrible incendie du 8 juillet 1852 qui se propage comme une traînée de poudre dans tout Montréal. Dans la ville presque entièrement dévastée, l'hospice est épargné et tout le monde peut regagner ses quartiers le lendemain[22].

---

21. *Ibid.*, p. 51.
22. Avélina Paquin, *op. cit.*, ASM, J-1.1/I, p. 74-75.

TABLEAU 5.2
Nombre annuel de soignantes et de pensionnaires

Année	Personnel	Pensionnaires	Ratio
1845-1846	4	7	1,8
1846	11	46	4,2
1847	11	52	4,7
1848	11	86	7,8
1849	13	68	5,2
1850	13	81	6,2
1851	13	93	7,2
1852	13	102	7,9
1853	14	88	6,3
1854	15	105	7,0
1855	19	98	5,2
1856	23	136	5,9
1857	26	123	4,7
1858	27	131	4,9
1859	30	155	5,2
1860	34	170	5,0
1861	34	190	5,6
1862	36	202	5,6
1863	43	242	5,6
1864	44	242	5,5
1865	44	246	5,6

Source : ASM, « Statistiques concernant les Sœurs de Miséricorde », *Synthèse chronologique du dossier de Rosalie Cadron-Jetté dite mère de la Nativité*, tome VII, p. 122.

Peu après, la supérieure ordonne la reprise des travaux d'agrandissement. Ses nombreuses activités à l'intérieur comme à l'extérieur de l'œuvre font qu'elle en est de plus en plus souvent désignée comme l'unique tête dirigeante. De passage à Montréal, en 1853, le nonce apostolique, Mgr Cajetan Bedini, visite l'hospice en sa compagnie. À cette occasion, l'ex-maire de la ville, Jacques Viger, offre au visiteur romain un album souvenir dans lequel figure « une série d'aquarelles représentant les costumes des diverses communautés de religieuses canadiennes-françaises[23] ». Sous le dessin illustrant le costume des Sœurs de Miséricorde, Viger présente mère Sainte-Jeanne-de-Chantal comme la plus importante religieuse, sans jamais mentionner l'existence de Rosalie Jetté.

À l'été de 1856, la ville de Montréal et son maire protestant William Workman prêtent aux sœurs une bâtisse située du côté est de la rue Campeau, en face de la maison de briques. Des bienfaiteurs leur offrent un cheval et une voiture. Puis, en 1857, des dons en argent proviennent du gouvernement du Bas-Canada et de la Banque d'Épargne[24]. Cette année-là, dans le but d'accroître ses revenus, la supérieure acquiert une propriété qu'elle nommera maison Sainte-Françoise-Romaine, rue Dorchester, qui servira de pension aux gens de l'extérieur. Les affaires de la communauté semblent progresser. Pourtant, Avélina Paquin, qui a bien connu la supérieure, n'est pas convaincue qu'elle a le sens des affaires. Elle va jusqu'à affirmer que mère Sainte-Jeanne-de-Chantal ne sait pas compter. À propos de cette maison achetée en 1857, elle écrit :

> [...] elle était si délabrée qu'il fallut des dépenses considérables pour la réparer. Cette maison fut employée pour prendre des pensionnaires des deux sexes, mais elle fut loin de rapporter du profit : le tout calculé, l'on estime que les pensions étaient données pour rien, et qu'il fallait en outre payer les intérêts. [...] Notre mère Ste-Jeanne-de-Chantal se laissant peut-être un peu éblouir par les quelques présents

---

23. Jean-Claude Robert, « Viger, Jacques », *Dictionnaire biographique du Canada*, Québec, Les Presses de l'Université Laval, 1985, p. 1013. Jacques Viger remettra un exemplaire de son album au Français Henry de Courcy qui, en 1855, le publiera sous le pseudonyme de C. de La Roche-Héron. Son livre s'intitulera *Les servantes de Dieu en Canada. Histoire des communautés religieuses de femmes de la province*, Montréal, Presses à vapeur.

24. Avélina Paquin, *op. cit.*, ASM, J-1.1/I, p. 96 ; Huguette Lapointe-Roy, *Charité bien ordonnée. Le premier réseau de lutte contre la pauvreté à Montréal au 19e siècle*, Montréal, Boréal, 1987, p. 52.

des pensionnaires, et ne pouvant calculer elle-même les dépenses de cette maison, faute de savoir compter, ne pouvait pas croire au désavantage, quoique le bon Mr Berthelet et d'autres personnes intéressées aient essayé de le lui faire comprendre[25].

Si l'on apprécie la supérieure à l'extérieur de la maternité, son autorité, sa sévérité et certains traits de son caractère, notamment son besoin de se mettre en avant, ne font pas l'unanimité au sein de la communauté. Malgré l'amélioration de leur situation financière, et alors que mère Sainte-Jeanne-de-Chantal ne se prive de rien, il semble que les sœurs n'aient pas droit, elles, à une nourriture de qualité. En outre, il leur est interdit de manger entre les repas, même si elles sont malades, et la supérieure ne les autorise pas non plus à se reposer pendant la journée lorsqu'elles se sentent fatiguées. Avélina Paquin la juge sévèrement :

> Plus d'une fut réprimandée et même punie par rapport à cela, et malheur à celle qui aurait perdu du temps. [...] Il fallait toujours passer par ce qu'elle voulait ; on la craignait et avec raison, car elle reprenait sans ménagements nos sœurs. [...] Elle se montrait sévère dans ses punitions parfois ; ainsi, elle a mis dans une « espèce de prison » certaines sœurs, et cela plusieurs mois. Elle avait raison parfois de punir et de réprimander, mais elle aurait pu y aller plus charitablement[26].

Ce régime de vie a duré dix ans : « cette supérieure dominait si bien sur ses sœurs que l'on se croyait en quelque sorte obligé de tout endurer sans en parler », précise Avélina Paquin, qui ajoute que le moindre commentaire négatif des sœurs à propos de la supérieure était mal vu de l'aumônier, l'abbé Pilon : « Il disait de ne faire aucune réflexion sur la conduite de ceux qui nous commandaient,

---

25. Avélina Paquin, *op. cit.*, ASM, J-1.1/II, p. 4.
26. *Ibid.*, p. 37-39.

quand bien même nous nous apercevrions de leurs défauts, et de faire comme si nous étions aveugles[27].» Lors de sa visite pastorale de l'automne de 1858, Mgr Bourget découvre ce qui se passe réellement à l'Institut des Sœurs de Miséricorde. La communauté compte alors 27 religieuses qui accueillent environ 130 mères célibataires par année, sans compter les accouchements faits à domicile. À cette occasion, il s'entretient avec chacune des religieuses individuellement. Selon Avélina Paquin, celles-ci «en sentaient le besoin ; il y avait beaucoup de souffrances, et sous tous les rapports[28]». À l'issue de ces rencontres, mère Sainte-Jeanne-de-Chantal sera reconduite dans ses fonctions, mais l'évêque de Montréal exercera une surveillance accrue. Des autres sœurs, il exigera l'application de la règle du silence négligée depuis un certain temps et il réintroduira la correction fraternelle qui oblige chacune à rendre compte de ses manquements tous les soirs, et ce, en plus de la coulpe du vendredi.

Trouvant les religieuses épuisées, Mgr Bourget leur demande de ralentir leurs travaux de buanderie, de couture et de cordonnerie effectués pour les gens de l'extérieur et retranche le jeûne du vendredi. Enfin, il élimine une lourde corvée puisqu'il autorise les baptêmes à la maternité plutôt qu'à l'église paroissiale. Le tableau 5.2 donne une idée de la somme de travail qu'on attend d'elles. Jusqu'en 1854, elles seront toujours moins de 15, alors que le roulement des pensionnaires grimpe au-dessus de 100 par année. Il faut noter qu'en ces années difficiles les pionnières sont tout à la fois cuisinières, menuisières, commissionnaires, buandières et sages-femmes. L'on comprend que plusieurs se plaignent de manquer de temps pour leurs dévotions.

---

27. Cette citation est tirée d'un document regroupant les témoignages de sept sœurs de Miséricorde au sujet de l'abbé Pilon, ACAM 525.109/860-1.
28. Avélina Paquin, *op. cit.*, ASM, J-1.1/II, p. 6-7.

Rosalie Jetté, souffre-douleur

Cette visite pastorale de l'automne de 1858 est aussi l'occasion pour Mgr Bourget de découvrir, en partie du moins, les mauvais traitements dont Rosalie Jetté est victime. Là-dessus, les Sœurs de Miséricorde ont laissé des témoignages concordants. Plusieurs religieuses affirment que la supérieure traitait la fondatrice avec mépris et la considérait comme une incapable, bonne tout au plus à servir des filles. À la fois autoritaire et méprisante, mère Sainte-Jeanne-de-Chantal réprimandait son assistante publiquement, la punissait sévèrement sans raison et s'adressait à elle avec dédain en l'appelant cavalièrement «Nativité».

Voici quelques remarques signées par des compagnes de Rosalie. Il est intéressant de noter que, à l'exception d'une sœur, les témoins dénoncent l'attitude de la supérieure sans la nommer, préférant employer le «on» impersonnel pour la désigner :

«Elle [Rosalie] fut plus d'une fois punie pour avoir accordé, en l'absence de la supérieure, des permissions raisonnables [...] On ne se gênait pas pour lui faire sentir par des paroles mortifiantes le peu de cas que l'on fesait d'elle. Elle était punie et réprimandée comme la dernière des sœurs[29].»

– Adélaïde Lauzon (sœur Sainte-Marie d'Égypte)

«[...] elle eut à endurer toutes sortes de privations, sans compter les humiliations de tous genres[30].»

– Sophie Bibeau (sœur Marie-de-Bonsecours)

«Elle n'était pas plus considérée que les autres sœurs, et un certain nombre la regardait comme une femme sans

---

29. Témoignage d'Adélaïde Lauzon (sœur Sainte-Marie-d'Égypte), ASM, A-11/16.
30. Témoignage de Sophie Bibeau (sœur Marie-de-Bonsecours), ASM, A-11/17.

esprit et sans talent, incapable de bien conseiller pour l'administration[31]. »

– Ézilda Pion (sœur Sainte-Agnès-de-Jésus)

« […] et on ne se gênait pas de l'appeler tête folle et de lui imposer le silence avec hauteur et mécontentement comme si ce qu'elle eût dit fut sans bon sens[32]. »

– Rosalie Diotte (sœur Saint-Louis-de-Gonzague)

« Cette bonne mère qui aimait beaucoup le chant chantait quelquefois avec les chanteuses durant les offices, et plus d'une fois, la supérieure vint lui dire rudement de retourner à sa place et de se taire, ce qui était d'autant plus humiliant que les personnes étrangères qui venaient à la messe pouvaient s'en apercevoir[33]. »

– Flore Bertrand (sœur Marie-des-Saints-Anges)

Ces mauvais traitements sont d'autant plus cruels que Rosalie Jetté est une femme malade. En effet, elle souffre d'hydropisie, sorte de néphrite aiguë ou inflammation du rein souvent causée par la scarlatine, l'infection grippale ou le paludisme. D'après Lucie Thibault, qui a vécu avec elle pendant 15 ans, Rosalie a contracté cette maladie à l'âge de 36 ans et son état s'est grandement détérioré jusqu'à sa mort[34].

Les incidents illustrant la dureté de la supérieure se manifestent surtout à la fin de la vie de la fondatrice. Un jour, mère Sainte-Jeanne-de-Chantal oblige Rosalie Jetté à aller à la récréation en dépit d'un gros rhume. Une autre fois, elle la contraint à se rendre au réfectoire, même si ses infirmités lui permettent à peine de marcher. Chaque fois qu'elle lui donne un ordre, elle prétend faussement qu'il

---

31. Témoignage de Ézilda Pion (sœur Sainte-Agnès-de-Jésus), ASM, A-11/21.
32. Témoignage de Rosalie Diotte (sœur Saint-Louis-de-Gonzague), ASM, A-11/22.
33. Témoignage de Flore Bertrand (sœur Marie-des-Anges), ASM, A-11/43.
34. Témoignage de Lucie Thibault (sœur Saint-Ignace), ASM, A-11/27.

vient de Mgr Bourget. Malgré une directive du médecin, « on lui refusait des œufs sous prétexte que c'était trop cher », raconte Henriette Bibeau³⁵. La supérieure reproche aussi à la malade le petit poêle qu'il a fallu installer à son chevet à la demande du médecin.

Françoise Racette se rappelle que, pour soulager ses souffrances, on lui donnait un peu de vin coupé d'eau : « c'était les restes du vin qui ne pouvait servir pour la messe et on en parla comme si elle en eût pris de manière déraisonnable³⁶ ». Avélina Paquin, entrée à 16 ans au noviciat, et qui a côtoyé Rosalie pendant les deux dernières années de sa vie, rapporte que M. Berthelet a envoyé à la malade une douzaine de bouteilles de vin pour la fortifier, mais que la supérieure refusa de les lui remettre. « Plus tard, dit-elle dans son témoignage, on la [Rosalie] fit passer pour vivre entre deux vins, auprès du chapelain³⁷. »

Alitée les derniers mois de sa vie, il n'est pas rare que personne ne pense à lui apporter à manger : « Cette bonne mère était oubliée des journées entières pour ses repas et sans même avoir un peu d'eau pour étancher sa soif dans les chaleurs de l'été, car elle ne pouvait s'en procurer étant incapable de marcher³⁸ », écrit encore Avélina Paquin. Mère Sainte-Jeanne-de-Chantal reproche à Rosalie Jetté d'être malade, « comme si elle fut une charge pour la maison, ou qu'elle se fut écoutée³⁹ » et de déranger ses compagnes la nuit pendant ses crises de suffocation. Enfin, plusieurs sources affirment que la supérieure a interdit aux religieuses de se rendre au chevet de la fondatrice et qu'elle refusa à celle-ci la permission de recevoir ses enfants, sous

---

35. Témoignage d'Henriette Bibeau (sœur Saint-François-Xavier), ASM, A-11/33.
36. Témoignage de Françoise Racette (sœur Saint-Jean-Baptiste), ASM, A-11/24.
37. Témoignage d'Avélina Paquin (sœur Marie-de-la-Croix), ASM, A-11/58.
38. *Ibid.*
39. Témoignage d'Adélaïde Lauzon (sœur Sainte-Marie-d'Égypte), ASM, A-11/16.

prétexte qu'ils la visitaient trop souvent[40]. Prévenu, Mgr Bourget révoqua cet ordre.

Il semble que l'évêque de Montréal ait commencé à réaliser ce qui se passait à la Miséricorde après le décès de l'aumônier Venant Pilon. En effet, au cours de leurs brefs mandats, les trois successeurs de ce dernier, le chanoine Paré, l'abbé Lamarche et le chanoine Hicks, lui auraient fait part de l'atmosphère qui y régnait. Quelque 24 sœurs ont alors quitté la communauté, ce qui ne manqua pas de surprendre.

À la demande de Mgr Bourget, Rosalie Jetté, dont la santé décline rapidement, obtient finalement sa propre chambre, une pièce meublée du strict nécessaire. Mais la supérieure ne change pas d'attitude pour autant. Un jour, bouleversée, Rosalie confie à son infirmière que mère Sainte-Jeanne-de-Chantal veut se débarrasser d'elle en la plaçant chez les Sœurs grises parmi les vieilles. Cette infirmière est elle-même blâmée de passer trop de temps à soigner la malade, au lieu de s'employer plus utilement. Marie Perras a même entendu la supérieure dire : « Cette pauvre vieille, je ne lui souhaite pas la mort, mais si elle mourait, elle nous débarrasserait bien[41]. »

En 1863, Mgr Bourget procède enfin à de nouvelles élections. Mère Sainte-Jeanne-de-Chantal perd son poste au profit de son amie Justine Filion (sœur Saint-Joseph). L'évêque présente à cette dernière ses recommandations en lui enjoignant de prévenir tout ce qui pourrait causer de la division et créer des partis entre les sœurs : « Empêchez tous les cancans, les murmures, les plaintes et autres causes de malaise dans la communauté[42]. » Usée par le travail, de santé fragile, Justine Filion s'en remet à l'ex-supérieure

---

40. Témoignages d'Adélaïde Lauzon, Françoise Racette, Rosalie Diotte, *op. cit.*
41. Témoignage de Marie Perras (sœur Marie-de-la-Miséricorde), ASM, A-11/30.
42. Cité par Avélina Paquin, *op. cit.*, J-1.1/II, p. 44 et 45.

pour gouverner la communauté. À peu de choses près, le climat reste le même. En février 1864, on craint pour la vie de Rosalie. Ses compagnes sont réunies autour de son lit. Elle leur recommande de se montrer charitables et d'être unies. Elle reçoit l'extrême-onction des mains de Mgr Bourget. Quarante jours plus tard, alors qu'elle semblait mieux, le mal redouble. C'est la fin. Le 4 avril 1864, l'aumônier, l'abbé Ubald Huberdeault, l'administre à nouveau. On avertit l'évêque, qui passe la voir pendant l'après-midi pour lui faire ses adieux. Aurélie Baron le conduit au chevet de la malade. Elle confie qu'il a alors donné à Rosalie la permission de mourir. Puis il la bénit et...

> se recommanda à ses prières, lui disant de venir le chercher, quand elle serait passée à une vie meilleure. Mais elle dit à Monseigneur qu'elle n'en ferait rien, qu'il était encore nécessaire au bien du Diocèse, et que quand il plairait à Dieu de l'appeler à lui, ce serait encore assez tôt[43].

Rosalie meurt le 5 avril, vers deux heures du matin. Cette nuit-là, la rumeur de miracles commence à se répandre. Deux sœurs, Aurélie Baron et Rosalie Diotte, racontent que les religieuses se sont soudainement éveillées, cependant que les pénitentes ont vu une religieuse âgée faire le tour des lits. Elle tenait un fanal de cristal par le haut. Suivant la description faite par les alitées, les sœurs ont reconnu Rosalie. « Elle parla à l'une d'elles qui était dangereusement malade, et lui dit qu'elle guérira, ce qui arriva », raconte Rosalie Diotte[44].

De son côté, Adélaïde Lauzon remarque une transformation physique chez la fondatrice : « Quand nous ensevelîmes son corps, ses jambes qui la veille étaient en plaies, étaient alors parfaitement saines, et sans aucune trace de blessure[45]. » Flore Bertrand, qui a également

---
43. Témoignage d'Adélaïde Lauzon, *op. cit.*
44. Rosalie Diotte, *op. cit.* ; Flore Bertrand, *op. cit.*
45. Adélaïde Lauzon, *op. cit.*

assisté à sa mort, fait la même observation dans des termes semblables[46]. À compter de ce jour, des témoins relatent des présumées apparitions ou guérisons attribuées à Rosalie Jetté. Marguerite D. se souvient qu'en 1872 une vieille dame lui est apparue pour lui remettre un bout de papier sur lequel était inscrite l'adresse du couvent de la Miséricorde et lui dire qu'elle y serait à la bonne place. Cette protestante se convertira et se fera Madeleine. Elle voit dans cette apparition une intervention providentielle[47]. Mgr Bourget chante le service funèbre de Rosalie Jetté le 8 avril. Dans son éloge, il rappelle son humilité, sa force et son courage pour fonder une œuvre si chère au cœur de Dieu, mais si méprisée du monde[48]. Puis, le 12 avril, la rubrique décès de *La Minerve* annonce sa mort : « Au couvent de la Miséricorde, le 5 courant, après une longue maladie soufferte avec une résignation angélique, Dame Rose Jetté, dite Sœur Nativité, fondatrice de cette communauté, à l'âge de 70 ans – R.I.P.[49] »

L'acharnement qu'a mis la supérieure à humilier la fondatrice et à la rabrouer en présence de ses compagnes est incontestable. Ce qui étonne aussi, c'est qu'aucune des sœurs n'ait pris sa défense. Tous les témoignages portant sur la dureté et les mesquineries de mère Sainte-Jeanne-de-Chantal ont été livrés après la mort de cette dernière, en 1876. Aucune source évoquant quelque mauvais traitement et datant d'avant le décès de Rosalie Jetté n'a pu être retrouvée. Cela pourrait montrer à quel point l'obéissance à l'autorité et la crainte des supérieurs étaient fortement ancrées chez ces femmes.

Que penser de l'attitude de Mgr Bourget dans cette affaire ? Très présent dans cette communauté, soit par ses visites fréquentes, soit par les retraites qu'il y prêche ou encore par les rapports qu'il reçoit des aumôniers, on est

---

46. Flore Bertrand, *op. cit.*
47. Marguerite D. (sœur Madeleine Augustin), ASM, A-11/67.
48. Aurélie Baron, *op. cit.* ; Adélaïde Lauzon, *op. cit.*
49. *La Minerve*, 12 avril 1864.

surpris de constater qu'il a attendu 1858 pour réagir. En effet, cette année-là, lors de sa visite pastorale, il informa les religieuses – qui, pour certaines, l'ignoraient – que Rosalie Jetté était la fondatrice de l'Institut des Sœurs de Miséricorde. Il leur demanda de l'appeler dorénavant « mère », les encouragea à la consulter et ordonna qu'à l'occasion des cérémonies religieuses et officielles elle prît son rang immédiatement après la supérieure et avant les autres sœurs. Il leur expliqua que la fondatrice est la personne qui commence l'œuvre et non celle qui la dote, allusion aux biens matériels que mère Sainte-Jeanne-de-Chantal possédait.

Soumise aveuglément à l'autorité, Rosalie Jetté n'a pas su empêcher son entourage de s'approprier le mérite de ses propres efforts. Plutôt que de défendre ses droits, elle a accepté par humilité de s'effacer, malgré l'injustice.

La situation au sein de la communauté ne semble pas s'être améliorée après la mort de Rosalie Jetté, comme l'indique en 1873 Mgr Édouard-Charles Fabre, évêque auxiliaire, dans un rapport à Mgr Bourget, suite à sa visite pastorale. Il ressort de ce document que le torchon brûle encore à la Maternité de Sainte-Pélagie. En effet, le prélat a noté qu'un climat de suspicion règne chez les religieuses qui sont divisées en deux factions, les plus jeunes et les anciennes. Les unes se sentent épiées, les autres s'accusent mutuellement d'être ambitieuses et susceptibles. Plus personne n'a confiance en la supérieure[50]. Ce n'est que trois ans après la disparition de mère Sainte-Jeanne-de-Chantal, morte en 1876, que l'unité sera rétablie entre les deux parties. Cette année-là commence la collecte des témoignages sur la fondatrice.

---

50. Notes de Mgr Édouard-Charles Fabre, évêque auxiliaire, à Mgr Ignace Bourget, évêque de Montréal, au sujet de la visite pastorale de 1873, ACAM, 525,109/874-8. Une copie de ces notes se trouve au CRCJ.

CONCLUSION

Montréal, en 1845. L'industrialisation s'amorce, cependant que la cohorte des indigents grossit. Conséquence de la crise économique qui sévit, une nouvelle et troublante réalité se dessine dans le paysage social : la présence en ville de nombreuses filles-mères à la recherche d'un gîte où mettre au monde leur enfant. En deux décennies, elles seront des milliers à frapper à la porte du seul refuge francophone de la métropole créé pour les secourir, l'Hospice de Sainte-Pélagie.

En fondant cette maternité, Rosalie Jetté a écrit une page d'histoire. Son œuvre, mieux connue aujourd'hui sous le nom de la Miséricorde, deviendra l'une des institutions les plus indispensables de la métropole. Et pourtant, contrairement aux autres fondatrices de notre histoire, les Marguerite Bourgeoys, Marie de l'Incarnation et Émilie Gamelin, Rosalie Jetté n'est jamais vraiment sortie de l'ombre. Cent soixante ans après les faits, le mérite de ses réalisations reste souvent attribué à l'évêque de Montréal, Mgr Ignace Bourget.

C'est l'histoire de cette œuvre fondée par une veuve d'une étonnante ouverture d'esprit que j'ai voulu raconter. Bien que Rosalie Jetté n'ait pas su écrire, ses collaboratrices de la première heure ont laissé des manuscrits d'une inestimable valeur historiographique. Bouleversants de candeur et de simplicité, leurs récits se révèlent une véritable chronique du temps passé. Ils confirment que l'œuvre originale a rapidement échappé à sa fondatrice pour passer aux mains du pouvoir religieux et du pouvoir médical qui, tour à tour, ont habilement manœuvré pour se l'approprier.

Personnages au cœur de cet ouvrage, les filles-mères étaient jusqu'ici ni plus ni moins que des ombres traversant leur époque en silence. J'ai voulu donner un visage à ces femmes jugées coupables d'avoir enfanté en dehors des liens du mariage, dans le Bas-Canada puritain du XIXe siècle. *Le Registre des entrées et sorties de l'Hospice de Sainte-Pélagie* à partir duquel j'ai pu constituer une base de données a toujours été gardé confidentiel. Et pour cause! Qu'elles aient accepté de plein gré les avances de leur amoureux, qu'un parent les ait agressées ou qu'elles n'aient pas consenti à avoir des relations sexuelles avec leur patron, les filles-mères sont considérées comme seules responsables de leur malheur. Rejetées par leurs familles, méprisées par la société, elles se retrouvent souvent à la rue avec leur gros ventre. À Sainte-Pélagie, on les accueille avec empressement, même si on les désigne sous le vocable péjoratif de «pénitentes». Seul le *Journal des pénitentes* témoigne du passage d'une jeune fille enceinte à Sainte-Pélagie.

Qui sont ces pénitentes? Ce qui frappe en premier lieu, c'est leur extrême jeunesse au moment de leur admission à Sainte-Pélagie. Ce registre nous apprend aussi que plus de la moitié d'entre elles sont venues de la campagne pour travailler en ville comme servantes. La condition de ces bonnes à tout faire est pathétique. Outre le fait que leurs emplois sont précaires et mal payés, le milieu social dont elles sont issues et leur peu d'instruction les placent dans une situation d'infériorité face à un patron qui peut abuser impunément de son autorité. Congédiées si elles refusent ses avances, elles le sont tout autant si elles tombent enceintes.

À Montréal, elles ont une alliée compatissante en Rosalie Jetté. Il est intéressant d'observer les motivations de cette veuve, une femme sans instruction qui, défiant les mœurs et les préjugés de son temps, a tout laissé derrière elle pour consacrer les vingt dernières années de sa vie à secourir les filles-mères. Son enfance et sa jeunesse sont peu documentées. On découvre cependant que, très tôt,

CONCLUSION 185

Rosalie Jetté s'est familiarisée avec le métier de sage-femme que pratiquait sa mère. Sa vie familiale d'abord sereine, ensuite marquée de grands malheurs, a développé chez cette mère de onze enfants, dont cinq décéderont en bas âge, une sensibilité à l'égard des filles-mères. Si les exemples de sa générosité rapportés par ses proches après les faits sont parfois pittoresques, il ressort néanmoins qu'elle était une femme essentiellement tournée vers autrui. Ses origines paysannes l'ont aussi rapprochée des classes négligées de la société dont elle se sent solidaire.

Pour réaliser son projet, la fondatrice a pu compter sur des collaboratrices recrutées principalement parmi les femmes de la classe modeste. Les premières Sœurs de Miséricorde, il importe de le mentionner, étaient fort mal équipées pour affronter les difficultés inhérentes à la mise sur pied d'une œuvre aussi décriée. Sans instruction ni fortune, elles impressionnent par leur générosité et leur sens de la débrouillardise. Mais, dominées par le clergé, elles ont été incapables de se défendre contre les assauts de l'extérieur. Les exemples de leur soumission résignée à l'autorité religieuse émaillent leurs récits. Il n'empêche que l'observateur ressort de cette lecture avec la vive impression que ces pionnières méritent une reconnaissance à laquelle elles n'ont pas eu droit.

Mgr Ignace Bourget a été le principal inspirateur de Rosalie Jetté. D'autres chercheurs ont déjà étudié le rôle social de premier plan joué par l'évêque de Montréal au milieu du XIXe siècle, alors que la pauvreté est presque à l'état endémique dans son diocèse. Tête dirigeante du réseau d'entraide qu'il a lui-même constitué pour secourir les démunis que l'État ne soutient pas encore, il distribue les tâches à accomplir aux communautés religieuses et organismes de bienfaisance laïques. Personne, alors, ne songe à aider les filles ou femmes enceintes hors mariage qui n'ont nulle part où aller. Le prélat ne s'est pas contenté de demander à la veuve Jetté d'ouvrir un refuge pour les accueillir, il l'a aussi invitée à fonder une congrégation religieuse dont il a édicté les règles et qu'il a lui-même dirigée. Le biographe officiel de Mgr Bourget affirme que le prélat avait un don pour éveiller les vocations religieuses. Il serait plus juste de dire que, dans certains cas, il les forçait. L'invitation faite à Rosalie Jetté, une femme sans instruction, soumise aveuglément à l'autorité de son confesseur, en est un exemple.

En prenant la direction de la maternité, Mgr Bourget y a instauré un climat religieux austère fait de privations et de contraintes. Un climat tout imprégné de culpabilité. Les pensionnaires de l'hospice, qu'il compare à la pécheresse Marie-Madeleine, sont pour lui « des fleurs que le vice a ternies » et « des âmes infortunées qu'un moment de faiblesse et d'oubli a précipitées dans un abîme bien profond ». S'il convient d'analyser les directives de l'évêque à la lumière des valeurs de son époque, force est d'admettre que, dans ses rapports avec les « pénitentes » de Sainte-Pélagie, sa compassion et son esprit de charité ne sont guère perceptibles. Le règlement qu'il impose aux jeunes filles et aux femmes « enceintes d'un commerce illicite » et sa décision de les placer sous la bonne garde d'un directeur religieux inflexible suggèrent une condamnation de leur acte et impliquent une dimension punitive tant sur le plan physique que sur le plan moral.

Il faut noter ici un curieux paradoxe. Si l'altruisme de l'évêque et de ses prêtres, soucieux d'offrir un toit aux filles-mères dans le besoin, est louable, la cruauté de ces mêmes hommes de Dieu, sans pitié ni compassion, qui infligent un cadre de vie inhumain à des personnes sans défense, paraît contradictoire, voire choquante. On en vient à croire que le mépris de la société à l'égard des filles « tombées dans le péché » est attisé par son élite religieuse.

L'examen des livres des Sœurs de Miséricorde montre en outre distinctement que Mgr Bourget ne fait à peu près rien pour aider la communauté naissante à sortir du gouffre financier qui l'étrangle. Alors que d'autres ordres reçoivent de l'aide de l'extérieur, il appartient aux seules religieuses de Sainte-Pélagie de gagner leur vie et de subvenir à celle de leurs pensionnaires. On reste pantois devant les privations qu'elles doivent s'imposer et la somme quotidienne de travail qu'elles abattent.

En somme, si Mgr Bourget a été pour Rosalie Jetté une force d'impulsion, celle-ci a dû trouver en elle-même les ressources pour réaliser sa mission. Une mission, soit dit en passant, qu'aucune des communautés religieuses existantes n'avait remplie.

Subissant déjà la tutelle de Mgr Bourget, les sœurs allaient ensuite devoir affronter le corps médical entier. À Montréal, c'est bel et bien à l'Hospice de Sainte-Pélagie qu'a pris naissance le conflit opposant les sages-femmes aux médecins. On l'a vu, ces derniers ont tout mis en œuvre pour prendre le contrôle de la maternité. Ils reprochaient aux sœurs accoucheuses leur ignorance. Il faut souligner le caractère excessif de cette accusation, étant donné le sérieux et le professionnalisme des Sœurs de Miséricorde qui ont suivi avec succès des cours d'obstétrique et obtenu un certificat de compétence délivré par le Collège des médecins et chirurgiens du Bas-Canada. Dans leurs récits, les pionnières révèlent en outre que, lors des accouchements difficiles, elles s'en remettaient au médecin attitré de la maternité, celui-là même qui leur avait enseigné l'art d'accoucher. Autre preuve qu'un véritable esprit de collaboration les animait, elles avaient accepté d'accueillir chez elles les étudiants en médecine afin qu'ils apprennent le métier d'accoucheur dans de bonnes conditions.

L'observation du mouvement des naissances à Sainte-Pélagie démontre en outre que les médecins n'ont pas raison de s'inquiéter des capacités des sages-femmes de l'établissement, car le bilan qu'affichent celles-ci est excellent. Compte tenu de l'état de la médecine au milieu du XIXe siècle, alors que les parturientes meurent fréquemment, peu de mères et de nouveau-nés y sont morts. C'est d'autant plus impressionnant que les patientes des sœurs accoucheuses sont des femmes psychologiquement et physiquement fragiles et que les conditions de vie à la maternité sont à peine supportables.

Les religieuses ont aussi leurs griefs. Adressée au secrétaire de Mgr Bourget, la lettre de la supérieure qui accuse les jeunes médecins de mettre en danger la vie et la santé des parturientes et de leurs nourrissons lève le voile sur un épisode de l'histoire de la médecine qui n'a pas été souvent traité : le rapport méprisant qu'entretenaient les jeunes médecins à l'égard des femmes qui accouchaient en dehors des liens du mariage.

On ne peut cependant affirmer que plus de femmes sont mortes en couches après l'arrivée des étudiants à Sainte-Pélagie ni leur imputer ces décès. Le *Journal des pénitentes* démontre que la mortalité suit l'accroissement de la clientèle de l'institution et qu'à aucun moment elle n'a atteint des sommets alarmants. De plus, l'étude des causes de mortalité indique que seule la moitié des décès sont attribuables à des fièvres ou à d'autres maladies liées à la grossesse. Par ailleurs, les documents n'indiquent pas qui des sages-femmes ou des médecins ont procédé aux accouchements des parturientes ayant perdu la vie. Enfin, les sœurs reconnaissent qu'elles faisaient appel au médecin pour les cas difficiles. Or n'est-ce pas justement lorsque des complications se présentent que les risques sont les plus élevés ?

Quoi qu'il en soit, les médecins ont obtenu gain de cause et les sœurs ont perdu le droit d'accoucher. Ironie du sort, Rosalie Jetté et ses sages-femmes avaient pris le voile pour fonder une œuvre destinée aux mères célibataires. Or, quelques lustres plus tard, c'est parce qu'elles sont religieuses que l'évêque et Rome leur ont interdit de mettre au monde les enfants de leurs pensionnaires. Privées de leur droit d'accoucher, les sages-femmes de Sainte-Pélagie sont devenues, dans leur propre maternité, des infirmières au service des médecins.

Il eût été intéressant de connaître le point de vue des filles-mères qui ont séjourné à l'Hospice de Sainte-Pélagie en ces années-là. Leur peu d'instruction a constitué un obstacle de taille. En effet, la majorité ne sachant ni lire ni écrire, elles n'ont pas laissé de témoignages. Par contre, le chercheur qui serait tenté de poursuivre l'histoire de cette maternité jusqu'au tournant du XXᵉ siècle et même au-delà aurait intérêt à consulter la correspondance des pensionnaires des décennies suivantes qui, elles, étaient suffisamment éduquées pour écrire à leurs familles ou, après leur séjour, aux religieuses qui les avaient soignées. Le dépouillement de leurs lettres pourrait nous éclairer sur les perceptions qu'avaient ces jeunes femmes de leur drame et sur le réconfort qu'elles ont trouvé à Sainte-Pélagie.

En refermant ce dossier, on ne peut que déplorer le fait que les historiens de la médecine n'ont jamais reconnu la contribution de Rosalie Jetté et de ses sages-femmes. En effet, l'histoire de l'obstétrique ne mentionne nulle part l'apport des Sœurs de Miséricorde et de leur fondatrice à l'enseignement de l'art d'accoucher. Ce sont pourtant elles qui, les premières, ont accueilli les étudiants en médecine dans leur maternité. Elles aussi qui ont surveillé leurs stages à un moment crucial de leur formation au métier d'accoucheur.

Rosalie Jetté a comblé un vide en offrant aux filles-mères un refuge, en plus de leur fournir l'aide que nécessitait leur état. Pour mener à bien son projet, elle ne disposait d'aucun modèle. Elle a dû tout inventer. Ce faisant, et au prix de grands sacrifices, elle a permis à des milliers de femmes démunies de donner naissance à leurs enfants dans des conditions moins précaires. Qui peut dire combien de mères et de nouveau-nés ont eu la vie sauve grâce aux soins prodigués par les sages-femmes à l'Hospice de Sainte-Pélagie de Montréal?

APPENDICE A

Certificat de sage-femme de Rosalie Jetté délivré par le Collège des médecins et chirurgiens du Bas-Canada.

> Nous soussignés certifions qu'ayant aujourd'hui examiné la Sœur la Nativité de la Maternité à Ste Pélagie de Montréal, sur l'art des accouchemens, nous l'avons trouvée qualifiée pour pratiquer comme sage-femme.
>
> A.F. Bibaud M.D.
> M.C.M.C.B.C.
> P.H. Trudel M.D.
> M.C.M.C.B.C.

APPENDICE B

Extrait de la lettre de mère Sainte-Jeanne-de-Chantal, supérieure, au chanoine J.-O. Paré, secrétaire de Mgr Ignace Bourget, concernant le comportement des étudiants en médecine en stage à l'Hospice de Sainte-Pélagie.

Copie dactylographiée de la lettre de mère Sainte-Jeanne de Chantal, envoyée le 24 février 1861.

"Monsieur,

"À l'égard des couches qui se font à la Maternité, je prends la liberté de vous présenter quelques faits qui sont arrivés; vous les détailler serait trop long, je ne vous en citerai que quelques-uns.

"Dans un cas, où assistaient ma Soeur de la Nativité et ma soeur des Sept Douleurs, un clerc a fait un examen si long et si fatiguant que la fille est tombée en convulsion; les soeurs l'ont prié de vouloir bien le terminer, ce qu'il n'a pas voulu faire; ma soeur des Sept Douleurs est venue me chercher, et ce n'est qu'avec grande peine que j'ai pu le faire cesser, malgré que les convulsions de la fille continuaient toujours; les conséquences en ont été une grande hémorragie qui a failli la faire mourir. D'autres cas semblables sont arrivés et quelqu'unes des filles sont restées avec des infirmités.

"Les clercs montrent peu d'importance à l'égard des filles, à la naissance de l'enfant, pour l'infirmité qu'elles pourraient contracter; après les avoir plusieurs fois avertis des précautions à prendre, les soeurs ont été obligées de prendre la place de leur main oisive et de faire l'application. Plusieurs clercs ont voulu plusieurs fois faire prendre des remèdes à la malade pour hâter le terme de l'accouchement, et lorsqu'on leur disait que c'était contre les Auteurs, ils disaient que plusieurs médecins le faisaient et c'était presque toujours lorsqu'ils étaient fatigués et qu'ils voulaient s'en aller; d'autres [ont voulu] leur donner des remèdes pour apaiser leurs douleurs et leur donner par là le temps d'aller se reposer; les soeurs avaient beaucoup de peine à les empêcher de le faire, cela aurait été très contraire à la malade. D'autres, dans des cas difficiles et douloureux, montrent peu de bonne volonté, et ne donnent pas les soins qui sont nécessaires. Ils s'éloignent et même s'endorment et laissent la malade sans aide.

"Après un accouchement des plus douloureux où le Docteur avait été obligé d'appliquer les fers, deux clercs en arrière du Docteur riaient et se moquaient de la malade et de la maladie. Permettez-moi de vous rappeler ce qui est arrivé au Docteur Gasquipy qui devait, il me semble, savoir comment agir dans les accouchements: dans une seule nuit il a été la cause de la mort de deux enfants et d'une fille, et l'autre fille après avoir souffert horriblement a failli mourir aussi; les deux enfants sont morts sans avoir été ondoyés; il a agi tout le temps malgré les Soeurs.

"Maintenant pour les filles, la généralité d'elles disent que si elles eussent su être accouchées par les clercs, elles ne seraient jamais venues ici; que les clercs manquent de discrétion dans leurs discours, qu'ils les interrogent sur leur nom. Il est aussi arrivé plusieurs fois que des clercs ont accouché celles qu'ils ont eux-même séduites, que cela a été connu des autres et a causé du désordre dans la salle. Les filles ont quelques fois exposé la vie de leur enfant, pour n'être pas accouchées par les clercs, en ne faisant pas connaître à temps leur maladie, ou lorsqu'elles les voient les douleurs cessent par la gêne et par le saisissement, ce qui a causé des accidents.

"Lorsque les filles reviennent à la salle, elles sont fâchées, et elles murmurent avec les autres, elles disent qu'elles ne peuvent pas croire que des Religieuses les fassent accoucher par des clercs qui ne se gênent pas de les découvrir dans leur paroisse. Plusieurs fois nous avons appris qu'en effet les clercs les avaient déclarées. Une pénitente en arrivant ici a demandé: -"Une telle fille est venue ici il y a quelques mois?" Sur la réponse -"Comment le savez-vous?" elle a répondu -"C'est le clerc qui l'a accouchée qui l'a dit dans notre paroisse". Une autre qui était dans une maison de pension où il y avait un clerc qui lui disait de venir ici, et qu'il l'accoucherait lui-même; la fille est venue et le clerc s'est souvent informé si cette fille était accouchée; pour elle elle demandait en grâce de ne pas l'être par lui.

"Les Soeurs dans la quête des paroisses ont reçu plusieurs fois des plaintes, venant de la part de personnes respectables, que les clercs nomment publiquement et montrent les filles qu'ils ont accouchées ici. De plus que les clercs disent que lorsque les filles sont prêtes à partir, les Soeurs leur disent : "C'est bien, ma fille, quand vous aurez besoin de la maison, venez ici". Un Monsieur Prêtre dit à une Soeur : "J'avais une fille à vous envoyer, mais je ne l'ai pas fait parce que l'une que j'avais déjà envoyée a été divulguée par le clerc qui l'a accouchée. J'aime autant la garder dans ma paroisse que de faire dépenser de l'argent, et ensuite que tout soit déclaré."

"Plusieurs autres Messieurs Prêtres ont témoigné leur surprise et même leur dégoût de voir que les clercs sont admis dans une maison établie, disent-ils, pour sauver l'honneur des familles.

"Monsieur Berthelet nous a dit que si le monde savait le commerce qui se passe ici, que personne ne voudrait nous aider; que pour lui, s'il l'eut su, il n'aurait jamais donné la main à Ste Pélagie, qu'il aurait fait ses oeuvres ailleurs.

"Aucune des soeurs ne veut prendre la responsabilité de ce qui en résultera, elles ne veulent rien décider, elles s'en rapporteront à ce que sa Grandeur Monseigneur de Montréal décidera.

J'ai l'honneur d'être Monsieur,
votre très humble servante.

[Signé] Sr Ste Jeanne de Chantal, Sup.

Hospice de la Maternité de Montréal, 24 Février 1861."

BIBLIOGRAPHIE SÉLECTIVE

Sources

La majeure partie de la documentation sur la vie et l'œuvre de Rosalie Cadron-Jetté qui se trouve au Centre Rosalie-Cadron-Jetté (CRCJ) provient des Archives des Sœurs de Miséricorde (ASM).

On y trouve les manuscrits suivants :

Notes biographiques au sujet de Rosalie Cadron-Jetté dite mère de la Nativité, de Cléophée Gaulin

Mémoires sur l'origine et les progrès de l'établissement de Sainte-Pélagie à Montréal, de l'abbé Antoine Rey (1re partie) et Justine Filion (2e partie)

Notes de sœur Marie-des-Sept-Douleurs, de Lucie Lecourtois

Notes sur la vie de Rosalie Cadron, en religion sœur de la Nativité, fondatrice des Sœurs de Miséricorde, d'Avélina Paquin

Origine de l'Hospice de Sainte-Pélagie érigé à Montréal sous la direction des Sœurs de Miséricorde, d'Arélina Paquin, 1879-1880, ASM, J-1.1.

Journal des pénitentes, Registre des entrées et sorties de l'Hospice de Sainte-Pélagie.

Divers dossiers contiennent des renseignements concernant la communauté des Sœurs de Miséricorde :

Dossier Rosalie Cadron-Jetté (mère de la Nativité)
Dossier Mgr Ignace Bourget
Dossier des origines de l'Hospice de Sainte-Pélagie
Dossier des contemporaines de la fondatrice
Dossier des cinquante témoins oculaires
Dossier de la cause de béatification et de canonisation de Rosalie Cadron-Jetté (comprend la *Positio* en deux volumes et les *Actes du procès* en 18 volumes)

Études

La référence aux ouvrages généraux est donnée en notes infrapaginales. Une bibliographie plus complète se trouve dans mon mémoire de maîtrise, à l'Université du Québec à Montréal. Voici quelques titres utiles.

Rosalie Cadron-Jetté et les Sœurs de Miséricorde

Auclair, Élie, *Histoire des Sœurs de Miséricorde de Montréal. Les premiers soixante-quinze ans de 1848 à 1923*, Montréal, Imprimerie des sourds-muets, 1928, 362 p.

Barabé, Paul-Henri, o.m.i., *Un siècle de miséricorde*, Ottawa, Éditions de l'Université, 1948, 415 p.

Danylewycz, Marta, *Profession : religieuse. Un choix pour les Québécoises (1840-1920)*, Montréal, Boréal, 1988, 246 p.

Désilets, Andrée, « Rosalie Cadron-Jetté », *Dictionnaire biographique du Canada*, Sainte-Foy, Les Presses de l'Université Laval, vol. IX, 1973, p. 121-122.

Fournet, Pierre-Auguste, p.s.s., *Mère de la Nativité et les origines des Sœurs de Miséricorde (1848-1898)*, Montréal, Imprimerie des sourds-muets, 1898, 252 p.

Giroux, Henri, *La Miséricorde ou 50 années de dévouement et d'abnégation des Religieuses de Miséricorde à Montréal*, Montréal, Presses à vapeur de la Minerve, 1894, 152 p.

Hétu, Jean C., « Les anciens de Lavaltrie au 19e siècle », *Mémoires de la société généalogique canadienne-française*, n° 136, avril-mai-juin 1978.

_____, *Tricentenaire de Lavaltrie (1672-1972)*, Lavaltrie, Éditeur Pelletier, 1972, 98 p.

Lapointe-Roy, Huguette, *Charité bien ordonnée. Le premier réseau de lutte contre la pauvreté à Montréal au 19e siècle*, Montréal, Boréal, 1987, 328 p.

Martineau, Donat, *Histoire de Lavaltrie. La famille seigneuriale, 1672-1854*, Lavaltrie, Édition du Chemin du Roy, 1991, 183 p.

Provencher, Jean, *Marie-Rosalie Cadron-Jetté (1794-1864)*, Montréal, Centre Rosalie-Cadron-Jetté, 1989, 18 p.

Pouliot, Léon, s.j., *Monseigneur Bourget et son temps*, Montréal, Éditions Bellarmin, 1972, tome III, 197 p.

Roseau, Pia, *Grand-mère Rosalie, vie de Mère de la Nativité, fondatrice des Sœurs de Miséricorde*, Montréal, Librairie Beauchemin, 1964, 131 p.

L'obstétrique et le conflit entre les médecins et les sages-femmes

Beauvalet-Boutouyrie, Scarlett, *Naître à l'hôpital au XIXe siècle*, Paris, Belin, 1999, 432 p.

Bernier, Jacques, *La médecine au Québec*, Québec, Les Presses de l'Université Laval, 1989, 207 p.

Collin, Johanne et Laurence Monnais-Rousselot, « La communauté médicale montréalaise de 1850 à 1890 : variations sur le thème de l'élite », *Histoire sociale/Social History*, tome XXXII, n° 64, novembre 1999, p. 174-207.

Cotret, docteur E. A. René de, « Hospice de la Maternité », *L'Union médicale du Canada*, vol. XXVI, novembre 1897, p. 190-197.

_____, « L'asepsie lors des accouchements », *L'Union médicale du Canada*, vol. 36, 1907, p. 692-703.

Desjardins, Édouard, « L'Hôpital de la Miséricorde à Montréal », *L'Union médicale du Canada*, vol. 102, 1972-1973, p. 400-405.

_____, « L'évolution de la médecine à Montréal », *L'Union médicale du Canada*, vol. 106, février 1977, p. 237-258.

Farley, Michaël, Othmar Keel et Camille Limoges, « Les commencements de l'administration montréalaise de la santé publique (1865-1885) », *HSTC Bulletin (Revue canadienne d'histoire des sciences, des techniques et de la médecine)*, vol. 6, n° 1, janvier 1982, p. 24-46, et vol. 6, n° 2, mai 1982, p. 85-109.

Ehrenreich, Barbara et Deirdre English, *Sorcières, sages-femmes et infirmières. Une histoire des femmes et de la médecine*, Ottawa, Éditions du remue-ménage, 1983, 99 p.

Fournier, Marcel, Yves Gingras et Othmar Keel, *Sciences et médecine au Québec*, Québec, Institut québécois de recherche sur la culture, 1987, 210 p.

Grenier, Georges, « La mortalité des enfants », *La Revue canadienne*, 1871, p. 685-697 et 721-755.

Laforce, Hélène, *Histoire de la sage-femme dans la région de Québec*, Québec, Institut québécois de recherche sur la culture, 1985, 237 p.

Mignault, L. D., « Histoire de l'École de médecine et de chirurgie de Montréal », *L'Union médicale du Canada*, 1926, p. 622.

Robert, Jean-Claude, *Atlas historique de Montréal*, Montréal, Art Global/Libre expression, 1994, 167 p.

_____, « The City of Wealth and Death : Urban Mortality in Montreal, 1821-1871 », dans Wendy Mitchinson, dir. *et al.*,

Essays in the History of Canadian Medicine, Toronto, McClelland & Stewart, 1988, p. 18-37.

Rottot, Jean-Philippe, « La science médicale à Montréal depuis 50 ans jusqu'à nos jours », *La Revue médicale du Canada*, vol. VI, 1902, p. 342-362.

Tétrault, Martin, « Les maladies de la misère : aspects de la santé publique à Montréal, 1880-1914 », *Revue d'histoire de l'Amérique française*, vol. 36, n° 4, mars 1983, p. 507-526.

————, « L'inégalité sociale devant la mort et la perception de la santé chez les contemporains à Montréal, pendant la seconde moitié du XIXe siècle », *Nouvelles recherches québécoises*, vol. 2, 1978, p. 59 à 81.

Ward, Peter, « Unwed Mothers in Nineteenth-Century English Canada », *Communications historiques*, Société historique du Canada, 1981, p. 34-56.

Wertz, Richard et Dorothy Wertz, *Lying In : A History of Childbirth in America*, New Haven, Yale University Press, 1989, 322 p.

Les filles-mères

Cliche, Marie-Aimée, « Grossesse oblige ! Les abus sexuels aux XVIIe et XVIIIe siècles », *Cap-aux-Diamants*, n° 21, printemps 1990, p. 59-62.

————, « Morale chrétienne et double standard sexuel. Les filles-mères à l'hôpital de la Miséricorde à Québec, 1874-1972 », *Histoire sociale/Social History*, vol. 24, n° 47, mai 1991, p. 85-125.

Gossage, Peter, « Les enfants abandonnés à Montréal au 19e siècle : la crèche d'Youville des Sœurs grises, 1820-1971 », *Revue d'histoire de l'Amérique française*, vol. 40, n° 4, printemps 1987, p. 537-559.

Grace, Robert J., « Des Irlandaises en quête de maris », *Cap-aux-Diamants*, n° 55, automne 98, p. 22-24.

Lacelle, Claudette, *Les domestiques en milieu urbain canadien au 19e siècle*, Ottawa, Environnement Parcs-Canada, 1987, 278 p.

LISTE DES TABLEAUX

2.1 Admissions annuelles des pensionnaires
à l'Hospice de Sainte-Pélagie (1845-1866)....... 64

2.2 Nombre de pensionnaires par groupes d'âge... 70

2.3 Admissions par années des 1 061 filles de
12 à 20 ans....... 72

2.4 Naissances et décès des enfants à la maternité
(1845-1866)....... 86

2.5 Durée du séjour des 2 244 femmes admises
entre 1845 et 1864....... 88

2.6 Fréquence des naissances mensuelles à
Sainte-Pélagie (1845-1866)....... 90

3.1 Sœurs Madeleines ayant rédigé leurs souvenirs
de Rosalie Jetté....... 122

4.1 Mouvement annuel des admissions,
des naissances et des décès à Sainte-Pélagie...... 132

4.2 Âge des mères décédées....... 147

4.3 Causes de décès chez les mères de 1847
à 1866....... 149

4.4 Répartition annuelle des décès des mères........ 154

5.1 Profil des aspirantes au noviciat....... 162

5.2 Nombre annuel de soignantes et de
pensionnaires....... 172

TABLE DES MATIÈRES

INTRODUCTION 9

CHAPITRE I
ROSALIE JETTÉ ET SON TEMPS 19
Un mariage d'amour 23
Déboires financiers 26
Veuve à 38 ans 27
Montréal en crise 30
Rosalie se met au service des démunis 35
Le drame des filles-mères 38
La fondation de l'Hospice de Sainte-Pélagie 42
Des débuts difficiles 47

CHAPITRE II
LES FILLES-MÈRES 61
Le *Journal des pénitentes* 61
Une écrasante majorité de célibataires 63
Des Montréalaises et des campagnardes 66
Plus du tiers des pensionnaires ont 20 ans ou moins 69
Des catholiques pour la plupart 73
Métier : servante 75
Le spectre de la prostitution 80
Des paroissiennes envoyées par leur curé 83
Naissances : autant de filles que de garçons 84
Séjour de un à six mois 87
L'influence des saisons 89
Où vont les mères après l'accouchement ? 90
Plutôt deux fois qu'une 91
Les circonstances de la grossesse 93
Mépris et honte 95

CHAPITRE III
LA TUTELLE RELIGIEUSE 99
D'Émilie Gamelin à Rosalie Jetté 99
Le noviciat des Dames de Sainte-Pélagie 101
Les Sœurs de Miséricorde 104
Le pasteur et ses brebis 106
La vie quotidienne à Sainte-Pélagie 112
D'ex-filles-mères devenues «sœurs Madeleines»...... 118

CHAPITRE IV
LE POUVOIR MÉDICAL 125
La médecine à Montréal au XIXe siècle 125
La formation des sages-femmes de Sainte-Pélagie.... 131
L'état de santé des pensionnaires.............................. 137
Le conflit entre les médecins et les sages-femmes.... 140
Mourir en couches.. 147
Les fièvres 150
Le typhus et la petite vérole 152
Y a-t-il des coupables?... 153
Le coup fatal porté par Mgr Bourget 156

CHAPITRE V
LES DERNIÈRES ANNÉES DE ROSALIE 161
Portrait des effectifs religieux 161
Le règne de mère Sainte-Jeanne-de-Chantal 169
Rosalie Jetté, souffre-douleur.................................... 176

CONCLUSION 183

APPENDICE A
Certificat de sage-femme de Rosalie Jetté délivré
par le Collège des médecins et chirurgiens
du Bas-Canada... 191

APPENDICE B
Lettre de mère Sainte-Jeanne-de-Chantal, supérieure,
au chanoine J. O. Paré, secrétaire de Mgr Ignace Bourget,

concernant le comportement des étudiants en médecine en stage à l'Hospice de Sainte-Pélagie 193

BIBLIOGRAPHIE SÉLECTIVE 197

LISTE DES TABLEAUX.. 201

OUVRAGE RÉALISÉ PAR
LUC JACQUES, TYPOGRAPHE
ACHEVÉ D'IMPRIMER
EN OCTOBRE 2010
SUR LES PRESSES
DE MARQUIS IMPRIMEUR INC.
POUR LE COMPTE DE
LEMÉAC ÉDITEUR, MONTRÉAL

DÉPÔT LÉGAL
1re ÉDITION : 4e TRIMESTRE 2010
(ÉD. 01 / IMP. 01)